Eltern werden – Partner bleiben

Erste Hilfen Band 4

Für Michael und unsere Kinder
Jeannette und Jonas.

Eva Tillmetz

Für Inga und unsere Söhne
Andreas und Alexander.

Peter Themessl

Eva Tillmetz, geb. 1963, berät als systemische Familientherapeutin und Kommunikationstrainerin Paare und Familien in eigener Praxis und hält Partnerschaftsseminare und Vorträge zu Fragen der Familiengestaltung und Erziehung. www.partnerschaftsberatung-regensburg.de

Peter Themessl, geb. 1963, arbeitet als Journalist für Zeitungen und Hörfunk in Regensburg. Er leitet Fortbildungen in der Erwachsenenbildung und arbeitet als Betreuungsassistent mit alten Menschen.

Eva Tillmetz, Peter Themessl

Eltern werden – Partner bleiben

Ein Überlebenshandbuch für Paare
mit Nachwuchs

Mabuse-Verlag
Frankfurt am Main

Bibliografische Information der Deutschen Nationalbibliothek

Die Deutsche Nationalbibliothek verzeichnet diese Publikation in der Deutschen Nationalbibliografie; detaillierte bibliografische Angaben sind im Internet unter http://dnb.d-nb.de abrufbar.

Informationen zu unserem gesamten Programm, unseren AutorInnen und zum Verlag finden Sie unter: www.mabuse-verlag.de.

Wenn Sie unseren Newsletter zu aktuellen Neuerscheinungen und anderen Neuigkeiten abonnieren möchten, schicken Sie einfach eine E-Mail mit dem Vermerk „Newsletter" an: online@mabuse-verlag.de.

© 2013 Mabuse-Verlag GmbH
Kasseler Str. 1 a
60486 Frankfurt am Main
Tel.:   069 – 70 79 96-13
Fax: 069 – 70 41 52
verlag@mabuse-verlag.de
www.mabuse-verlag.de
www.facebook.com/mabuseverlag

Reprint der 2007 im Kösel-Verlag erschienenen Ausgabe
Umschlaggestaltung: Marion Ullrich, Frankfurt am Main
Umschlagmotiv und Illustrationen im Innenteil: Johann Mayr, Jetzendorf
Druck: BELTZ Bad Langensalza GmbH

ISBN: 978-3-86321-107-3
Printed in Germany
Alle Rechte vorbehalten

Inhalt

Vorwort

Fortschrittliche Eltern sein und engagiert erziehen: Das hatten wir zwei Autoren mit unseren jeweiligen Partnern uns vorgenommen. Spätestens als die Kinder kamen, dämmerte uns, dass wir auf diese Aufgabe herzlich wenig vorbereitet waren. Wie funktioniert eine Familie? Wie erzieht man gemeinsam Kinder? Wie verständigt man sich als Paar auf einen gemeinsamen Erziehungsstil?

Schulzeit und Studium umfassten knapp 20 Jahre, bis wir in unseren Fachgebieten als Familientherapeutin bzw. Journalist Profis wurden. Doch in keinem Fach lernten wir, wie man Eltern wird.

Elternsein – ist das eine natürliche Fähigkeit, so angeboren wie das Kinderzeugen? Wohl kaum, wenn man sieht, dass nahezu alle jungen Eltern wie Ertrinkende in den ersten Jahren strampeln, um mühsam wieder Boden unter den Füßen zu spüren. Für viele Partnerschaften wird die Familiengründung zur Zerreißprobe und häufig halten Ehen in den ersten Familienjahren dieser massiven Anforderung nicht stand.

Auch wir Autoren haben das Bodenlose unter den Füßen erlebt. Als sich das erste Kind ankündigte, waren wir überrascht: Unsere jeweilige Zweierbeziehung war gut eingespielt, aber wie wir mit Kindern leben würden, wussten wir nicht. Über gemeinsame Erziehung hatten wir nicht gesprochen.

Es folgten Familienjahre mit Höhen und Tiefen. Situationen, die uns einmal zur Weißglut trieben und ein andermal lachend wieder zusammenfinden ließen. Nach Jahren sind wir in unseren Familien zu Eltern-Teams zusammengewachsen. Wir haben gelernt, gemeinsam zu erziehen – meistens jedenfalls. Und haben vor allem gelernt, dass sich die Erziehung im Laufe der Jahre wandelt und wir mit diesen Aufgaben wachsen.

Als Trainer im Modellprojekt »Eltern werden – Partner bleiben«* haben wir gemerkt, wie wenig Familienerfahrung junge Paare an der Schwelle zum Elternwerden haben. Und wie wichtig es ist, ihnen in dieser Umbruchsituation den Rücken zu stärken. Das ist auch Ziel dieses Buches.

Lesen Sie es vielleicht nicht gleich ganz durch. Im ersten Teil »Wie Eltern ein Team werden« haben wir grundsätzliche Themen bearbeitet, die »Krisenklassiker der Kleinkindphase« im zweiten Teil nehmen darauf Bezug. Entscheiden Sie, welches Thema Ihnen auf den Nägeln brennt. Die »Krisenklassiker« sind absichtlich so kurz gehalten und unabhängig voneinander zu lesen, damit Sie auch nach einem anstrengenden Tag nicht länger als zehn Minuten zur Lektüre brauchen und sich dann zu einem Gespräch zusammensetzen können. Manchmal finden Sie auch Anregungen für ein Schreibgespräch: Hier können Sie zunächst Ihre eigenen Vorstellungen niederschreiben und dabei Ihre Gedanken sortieren. Dann können Sie sich zu einem Gespräch mit Ihrem Partner verabreden.

Wenn Sie sich selbst auf diese Weise besser kennen lernen, haben Sie es Ihren Kindern gegenüber leichter. Einigkeit in grundsätzlichen Dingen hilft über viele Hürden des Alltags hinweg. Wenn zentrale Familienthemen regelmäßig besprochen und abgestimmt werden, lassen sie sich Schritt für Schritt lösen – am besten bequem auf einem Sofa sitzend, in gemütlicher Atmosphäre, das Telefon mit einem Kissen abgeschirmt. Dabei möchten wir Sie mit diesem Buch in den nächsten Jahren begleiten.

Eva Tillmetz und Peter Themessl

---

* Mehr zu diesem Projekt in der Danksagung am Ende des Buches

Wie Eltern ein Team werden

Ein Kind verändert (fast) alles

Über die Entwicklung der Paar- und Elternbeziehung

Nahezu alle Lebensbereiche, alle Beziehungen gestalten sich neu, wenn ein Paar ein Kind erwartet. In ihrer bisherigen Zweierbeziehung sind die Partner meist gut aufeinander eingespielt. Jeder kennt die Vorlieben des anderen, jeder weiß, zu welchen Zeiten der andere gut aufgelegt ist, wie viel Zeit er für sich allein braucht, welche Freunde ihm oder ihr wichtig sind. Doch Mann und Frau betreten Neuland, wenn sie Eltern werden. Im Laufe von vielen Jahren Familientherapie und Erfahrungen in den eigenen Familien sind uns folgende Bereiche aufgefallen, die sich verändern und daher abgesprochen werden sollten. Ihr Kind löst nämlich enorm viele Fragen aus.

Was wird aus persönlichen Schlaf-, Ess- und Arbeitsgewohnheiten?
Die Lebensgewohnheiten ändern sich, ganz klar; aber das muss nicht gott-, natur- oder kindgegeben so sein. *Sie* werden entscheiden, in welchen Bereichen Ihr Kind mit seinen Bedürfnissen Ihr Leben prägt. Und *Sie* werden entscheiden, welche Bereiche Ihnen nach wie vor so wichtig sind, dass Sie nicht darauf verzichten wollen. War bislang das gemütliche Frühstück am Wochenende das Zentrum, kann das durchaus auch zu

dritt funktionieren. Kurze Nächte können ganz schön anstrengend sein: Muss denn alles an einer Person hängen bleiben, damit der Partner ja ausgeruht in die Arbeit kommt? Wie viel Verständnis trauen Sie Kollegen und Chefs zu, wenn Sie vom »Nachtdienst am Kind« gerädert sind?

Welche beruflichen Aufgaben und Perspektiven soll jeder haben?
Eltern schenken Ihrem Kind in den ersten Jahren viel Zeit, Kraft und Aufmerksamkeit. Diese Energie floss früher größtenteils in den Beruf. Berufliche Ziele erhalten angesichts der Verantwortung für ein Kind eine neue Bedeutung. Ist es selbstverständlich, dass die Frau ihre jahrelang aufgebaute Laufbahn abbricht und sich damit Karrierechancen verbaut? Oder: Wie viel muss der Mann arbeiten, wenn ein Einkommen drei Mäuler satt kriegen soll? Ist Familienzeit (früher Erziehungsurlaub) auch im Beruf des Mannes realisierbar?

Wer soll für das Einkommen verantwortlich sein?
Aus zwei persönlichen Einkommen wird unter Umständen ein Familieneinkommen. Das schafft Abhängigkeiten, mit denen beide Partner erst zurechtkommen müssen. Kann jeder uneingeschränkt über das Familieneinkommen verfügen? Wie lange muss einer die Last des Alleinernährers schultern? Wann steigt der Partner wieder in den Beruf ein?

Wie wird die Hausarbeit aufgeteilt?
Ein Kind macht ein Vielfaches an Arbeit: Wäscheberge wachsen, Milch- und Breiflaschenbatterien blockieren die Küche. Das ist für einen bislang kinderfreien Haushalt ungewohnt. Der arbeitende Partner (meist ist es der Mann ...) wundert sich, wenn er abends erschöpft heimkommt: »Wie das hier aussieht! Das war doch früher nicht so! Was machst du denn den ganzen Tag?« Würde er einen Teil der Hausarbeit übernehmen (ob spülen, bügeln oder Mülleimer runtertragen,

ist egal), dann sähe er sehr bald, wie sehr die Hausarbeit sich verändert hat.

Wie sehe ich dich jetzt als Vater bzw. Mutter?

Bevor Ihr Kind zur Welt kam, stellte sich Ihnen diese Frage womöglich gar nicht. Wahrscheinlich haben Sie Ihren Partner nach anderen Kriterien ausgewählt: wegen ihres Lachens vielleicht, seiner Spontaneität, ihrer schönen Figur, seines starken Rückens – und während sich Ihre Beziehung festigte, hatten Sie kaum den Partner als künftigen Vater oder baldige Mutter im Kopf, sondern Schmetterlinge im Bauch. Mit dem neuen Kind ändert sich das: Nicht nur, dass Babygeschrei die Schmetterlinge immer wieder verscheucht – auch Ihr Partner reagiert für Sie fremd.

Machen Sie einmal eine Gedankenreise: Nutzen Sie die Schmetterlings-Momente, um sich die Stärken Ihres Partners in einem neuen Licht vorzustellen: Ihr Lachen kann auch das Kind ansprechen oder beruhigen; seine Spontaneität kann unbeschwertes Herumbalgen mit dem Kind bedeuten. Und was ihre Figur oder seinen Rücken betrifft: Sie können etwas dafür tun, dass Sie für den Partner attraktiv bleiben!

Wie viel Zeit bleibt Ihnen gemeinsam für Zärtlichkeit und Sex?

Dieses Thema haben wohl die wenigsten zuvor ausdrücklich besprochen, schließlich ergibt sich das zu zweit in der Regel ganz prima. Aber die Erotik stirbt schleichend: Erst sind beide übermüdet und werden durch das Kind gestört. Wenn einer deswegen aus dem Schlafzimmer auszieht, gesellt sich zur räumlichen Trennung womöglich der Frust. Wie finden die beiden zurück ins Ehebett? – Sie werden neue Liebesinseln ausfindig machen müssen!

Wie wird die Wohnungseinrichtung verändert?

Sie haben vielleicht Jahre auf eine schicke Wohnung hingearbeitet. Jetzt steht der Milchwärmer in der Edelstahlküche und das scharfkantige CD-Regal ragt gefährlich in die Krabbel-Höhe. Authentisch ist der Fall eines Zweijährigen, der das Laden eines Videorekorders beobachtete und nachmachte: Mit einer senfbestrichenen Wurst hat er den Rekorder gefüttert!

Überlegen Sie also: Welche Veränderungen sind nötig, um Ihr Kind und Ihr Inventar zu schützen, und was ist Ihnen für Ihr eigenes Wohlbefinden nach wie vor wichtig?

Wie verbringen Sie nun Ferien und Freizeit?

Die Urlaube ändern sich: Statt Surfrevier ist der kinderfreundliche Sandstrand gefragt, statt Cluburlaub mit Tanz bis in die Puppen bestenfalls ein Club mit Babybetreuung. Schon die Suche nach einem kinderfreundlichen Hotel oder einem Campingplatz mit ähnlich gepolten Nachbarn (besser nebenan Kindergeschrei als Trinkgelage ...) kann schwierig sein. Umso wichtiger, dass sich beide einig werden: »Das verstehe *ich* unter Urlaub, und das machen *wir* zusammen.«

Was wird aus Freundschaften?

Nicht jeder im Freundeskreis will Zahnproblematik oder Durchschlafen diskutieren – auch wenn das gerade Ihre größte Sorge sein mag. Manche Ihrer alten Freunde werden sich abwenden, andere wiederum ungeahnte Spielqualitäten zeigen. Sie werden neue Sandkastenbekanntschaften hinzugewinnen. Umgekehrt gilt auch: Ein paar Freunde, in denen *nicht* die Familie im Vordergrund steht, sind Gold wert. Es gibt noch ein Leben jenseits von Schnuller und Schmusetieren.

Alle diese Fragen regeln sich natürlich auch ohne aktives Zutun. Allerdings meist so, dass die Partner nur noch wenig gemeinsame Berührungspunkte in ihrem täglichen Leben haben. Das Gespräch stirbt schleichend. Unzählige Paare erleben diesen Tiefpunkt: Er kommt immer später nach Hause, und sie fragt sich, wie lange sie das noch aushält. Es muss nicht so weit kommen, dass er sich innerlich verabschiedet oder sie die Trennung plant, weil sie ihr selbstbestimmtes Leben wiederhaben möchte.

Mit Einsatz und gutem Willen werden Sie für die anstehenden Fragen zufrieden stellende Antworten finden. Paar- und Elternbeziehung befruchten sich wechselseitig: Je mehr ein Paar Entscheidungen für die genannten Lebensbereiche trifft, desto mehr bereichert die Familiengründung die Partnerschaft. Ebenso gilt: Je lebendiger die Paarbeziehung, desto leichter fällt das Elternsein.

Mit der Geburt des ersten Kindes wird eine ganz neue *Beziehungsebene* eröffnet. Waren bisher zwei Erwachsene auf freiwilliger Basis zusammen, verbindet sie jetzt eine gemeinsame Verantwortung, die sie nicht mehr so ohne weiteres abschütteln können. Ab jetzt gilt es, zwei unterschiedliche Beziehungen zueinander zu pflegen: die *Paarbeziehung* und die *Elternbeziehung*. Auf diese Unterscheidung werden wir in diesem Buch immer wieder zurückkommen, denn sie macht verständlich, warum in so vielen Situationen zwei Seelen in unserer Brust miteinander kämpfen. Da freut sich beispielsweise der Mann, dass sein kleiner Sohn mit im Ehebett liegt, weil er als Vater (= Elternbeziehung) seinen Sohn so selten sieht, gleichzeitig ärgert er sich, dass er seiner Frau so selten nahe ist, und wünscht sich sein Bett für sich und seine Partnerin zurück (= Paarbeziehung).

In der Elternbeziehung wird Frauen gerne ein Vorsprung eingeräumt, frei nach dem Motto »Mütter wissen, was für Kinder gut ist«. Mag sein, dass viele Frauen mit mehr fachlichem

Vorwissen an die Erziehungsaufgabe herangehen und manchen Handgriff bereits kennen, doch stehen sie in puncto *Elternteamwork* genauso am Anfang wie ihre Partner.

Der beste Spiegel für elterliche Kooperationsfähigkeit sind die Kinder selber. Da Kinder in ihrer Seele immer beide Eltern lieben und es ihnen recht machen wollen, werden sie immer wieder elterliche Beziehungsangebote, Erziehungsmaximen und Regeln testen. Kinder wollen wissen, woran sie mit beiden sind.

Eltern sind in der Lage, als Team effektiv zusammenzuarbeiten, wenn sie Schritt für Schritt lernen, wie man sich in der Erziehungsaufgabe abspricht. So wächst ein Selbstbewusstsein gegenüber Verwandtschaft und Gesellschaft, und die Elternrolle fällt leichter. Auf diesem Wege werden sie automatisch mehr Freiräume zur Gestaltung ihrer Paarbeziehung gewinnen.

Eine gute Brücke von der Eltern- zur Paarbeziehung können Abmachungen für den Feierabend sein: Wann endet Ihr Elterntag und beginnt Ihre Zeit zu zweit?

Führen Sie ein Abendritual ein. Ob das eine Geschichte, ein Gesang oder ein Gebet ist, liegt bei Ihnen. Hauptsache, es wird für alle deutlich: Jetzt ist der Familientag (inklusive Hausarbeit) beendet. Jetzt fängt Ihr Abend an – gemeinsam oder auch jeder für sich.

Zu den Absprachen gehören natürlich grundsätzliche Dinge: Wie wichtig ist Ihnen ein kindfreies Elternschlafzimmer? Wie kann einer die nächtliche Versorgung übernehmen, bevor der andere entnervt ins Arbeitszimmer umzieht? Vielleicht ist eine Elternmatratze neben dem Kinderbett sinnvoller als auf Monate hinaus das Kind in Ihrem Kuschelbett.

Sie werden zunehmend Ideen für ein gemeinsames Leben zu dritt, zu viert ... entwickeln, und diese können durchaus unterschiedlich sein! Damit aus Ideen Wirklichkeit wird, sind Gespräche ein wichtiger Ansatz. Sie ersparen Ihnen später viele Missverständnisse und Ärger.

In diesem Elternratgeber finden Sie zahlreiche Anstöße für eine bewusste Elternkooperation. Versprochen: Die Schmetterlinge im Bauch werden Sie wieder spüren, wenn die Zusammenarbeit als Eltern glatt geht!

Wollen wir, müssen wir oder wollen wir nicht?

Schwanger werden beeinflusst das Elternsein

Der Anfang Ihrer Zeit zu dritt wird in Ihrer Erinnerung immer wieder einmal auftauchen. Mann und Frau erleben diesen Zeitpunkt unterschiedlich: Die Frau spürt oder erfährt es *vor* ihrem Partner, dass sich ein Kind ankündigt. Und wenn es nur Stunden sind: Dieser Vorsprung bleibt ihr ein ganzes Leben.

Erinnern Sie sich an den Moment, als Sie erfahren haben, dass Sie ein Kind erwarten. Von wem haben Sie es erfahren? War es erst eine Ahnung, als die Regel ausblieb? Haben Sie einen B-Test gemacht oder es vom Arzt erfahren? Waren Sie auf die Nachricht vorbereitet?

Und wie haben Sie reagiert? Freudig? Geschockt? Erleichtert? Verzweifelt? Glückselig? Entsetzt? Wie haben Sie einander angeschaut, als sie beide von der Schwangerschaft wussten?

Zwei ganz unterschiedliche Menschen mit eigenen Prägungen, aus unterschiedlichen Familien mit unterschiedlichen Verstrickungen legen ihre Lebensgeschichten nun zusammen, um für ein drittes Leben zu sorgen. Das überhaupt zu versuchen ist schon eine der großen Herausforderungen des Lebens.

Keine Partnerschaft wird in ihrem Verlauf einer anderen gleichen. Allerdings lohnt es sich, genau hinzuschauen auf den Moment, als die Botschaft vom Kind eintraf. Wie die Schwangerschaft zustande kam, beeinflusst das spätere Elternsein. Wenn Sie nach Jahren augenzwinkernd auf diesen Anfang zurückblicken können, selbst wenn die Nachricht Sie damals überrollte, wirkt die Erinnerung stärkend. Unausgesprochener Frust legt sich eher lähmend auf die Seele.

Ein glücklicher erster Moment wird deshalb nicht automatisch eine dauerhaft zufriedene Familie hervorbringen. Vielleicht geraten beide Partner in eine Falle, weil sie sich ihrer Sache zu sicher waren. Paare, die sich sehnlich ein Kind wünschten, können im Alltag an ihren überzogenen Erwartungen scheitern. Umgekehrt geht die Partnerschaft nicht gleich in die Binsen, nur weil sich das Kind unerwartet angekündigt hat. Jede noch so chaotische Beziehung bietet ungeahnte Möglichkeiten, sich zu entwickeln. Doris Schiller* arbeitet seit zwölf Jahren in der Schwangerenberatung und formuliert es so:

»Jedes Paar ist anders. Zunächst mal spielt eine Rolle, wie gut jeder Partner sich selbst kennt, welche Schwächen er hat. Darüber sollten sich die beiden austauschen können: Eine gute Kommunikationsstruktur kann eine Partnerschaft stabilisieren. Ein weiterer günstiger Faktor für eine stabile Partnerschaft ist Ehrlichkeit. Beide sollten sich ihre Gefühle authentisch zu-

---

* Doris Schiller, Leiterin der staatlich anerkannten Schwangerschaftsberatungsstelle Donum Vitae Regensburg

gestehen. Dazu kann auch gehören, dass der Mann im ersten Schreck beinahe Reißaus nimmt und die Frau von ihm furchtbar enttäuscht ist. Auch diese Ablehnung hat ihren Platz. Wenn die beiden dann nicht alle Brücken abbrechen, ist das besser, als Enttäuschungen zu verdrängen. Eine unbewältigte Unzufriedenheit taucht irgendwann wieder auf.«

Wie war das bei Ihnen? Nehmen Sie sich einmal die Zeit, zurückzublicken auf den ersten Moment, als Sie von der Schwangerschaft erfahren haben. Tauschen Sie sich jetzt aus, bevor Sie weiterlesen.

Wir werden im Folgenden ein halbes Dutzend Möglichkeiten benennen, mit Beispielen und möglichen Chancen und Risiken für die Zukunft. Vielleicht entdecken Sie sich ja selbst in einer dieser Möglichkeiten wieder.

Wenn ein Kind kommen darf: Ihre Beziehung ist offen für ein Kind.

Wenn ein Kind kommen soll: Ihr größter Wunsch wird endlich erfüllt.

Wenn ein Kind unerwartet kommt: Sie werden von der Schwangerschaft überrascht.

Wenn ein Kind kommen könnte: Sie sind noch in der Entscheidungsphase: Wollen wir oder wollen wir nicht?

Wenn noch ein Kind kommt: Sie haben schon Kinder und werden von einem »Nachzügler« überrascht.

Wenn ein Kind nicht kommen durfte: Trauer, Schuldgefühle und Verlustangst leben wieder auf.

Wenn ein Kind kommen darf

Ihre Beziehung ist offen für ein Kind

Anke und Markus sind seit fünf Jahren ein Paar. Sie haben ihre Ausbildungen beendet und haben beide einen sicheren Arbeitsplatz. Ihre Eltern betrachten das junge Glück wohlwollend und haben den beiden ein Baugrundstück zur Verfügung gestellt. Die beiden unternehmen viel mit Freunden, was auch ihre Partnerschaft stärkt: gemeinsamer Sport, sie gehen gerne ins Kino und miteinander tanzen. Sie haben ihre Zeit für sich gehabt und genossen und reifen für ein neues Ziel: das erste Kind.

So viele *Chancen* kann man Eltern beim Start nur wünschen:

- Die Beziehung ist stabil, beide wissen, worauf sie sich beim anderen verlassen können.
- Sie sind finanziell abgesichert und haben ausreichende Perspektiven.
- Das Paar hat sexuelle Erfahrungen und Vorlieben entwickelt, auf die es nach der Geburt bzw. Stillzeit wieder zurückgreifen kann: ein Polster für die Beziehung.
- Der gemeinsame Freundeskreis kann sie stützen.
- Es existiert bereits eine gemeinsame Wohnung, und sie ist von beiden stressfrei eingerichtet.
- Die beiden sind ein eingespieltes Team im Haushalt.

Wer glücklich startet, ist vor *Schwierigkeiten* trotzdem nicht gefeit:

- Die Umstellung auf das Kind ist unerwartet groß. Das kann schmerzen, weil liebevolle Gemeinsamkeiten erst mal wegfallen. Die Partnerin trägt nicht mehr Negligé, sondern ein schlabberiges, vom Baby bespucktes T-Shirt.

- Nach Jahren haben beide geglaubt, sich gut zu kennen. Das Kind lässt sie neue Seiten am Partner erleben, und das kann bedrohlich wirken.
- Der gemeinsame Traum vom Kind wird mit der anstrengenden Wirklichkeit konfrontiert.
- Ein Partner wird beruflich zurückstecken. Der andere muss jetzt mit einem Einkommen den Lebensunterhalt für drei bestreiten. Er ist womöglich länger weg, kommt angestrengter nach Hause als bisher, und bei aller Mühe sitzt das Geld nicht mehr so locker.

Wenn ein Kind kommen soll

*Ihr größter Wunsch
wird endlich erfüllt*

Es ist durchaus keine Selbstverständlichkeit, schwanger zu werden. Es gibt Paare, die viel Mühe auf ein gemeinsames Kind verwandt haben. Vor der Schwangerschaft haben sie etliche Ärzte oder Beratungsstellen besucht. Die Paare sind mit medizinischen Begriffen traktiert worden: »Fruchtbarkeitsuntersuchung«, »In-vitro-Fertilisation«, »Reproduktionsmedizin«, »Diagnose: unfruchtbar«. Der Umgang damit ist manchmal entwürdigend.

> Drehen wir das Beispiel von Anke und Markus nur um ein paar Jahre zu zweit weiter. Beide sitzen beruflich immer noch fest im Sattel, doch allmählich wird der Wunsch nach einem Kind übermächtig. Durch ihren Beruf musste Anke ihre mütterlichen, nährenden Seiten zurückstecken und spürt nun: »War da nicht noch etwas anderes?« Sie ist inzwischen Mitte 30 und hört ihre biologische Uhr immer lauter ticken. Der Freundeskreis rundherum hat

bereits Kinder und Markus muss sich am Stammtisch schon Frotzeleien anhören: »Na, klappt es bei euch nicht?« Schließlich unterziehen sich beide einer Fruchtbarkeitsuntersuchung. Nach etlichen Arztbesuchen entscheiden sie sich für eine künstliche Befruchtung.

Paare, die sich sehnlichst ein Kind gewünscht haben, kommen in eine andere Art von Erwartungsdruck. Michaela Röder-Bassenge* berät und behandelt Paare, die sich ein Kind wünschen:

»Wenn sich ein Kinderwunsch nicht gleich erfüllt, bewegt das die Partner oft schmerzlich. Der innere Aufruhr gibt beiden die Möglichkeit, in ihrer persönlichen Entwicklung zu reifen. Die Paare leiden nicht nur daran, dass sie nicht zu denen gehören, die scheinbar problemlos Kinder kriegen, sondern auch darunter, dass unerfüllter Kinderwunsch ein Tabu in unserer Gesellschaft ist. Das treibt viele Paare in die Isolation. Das wiederum verstärkt die Symptome, die viele Paare in die Beratung führt. In der Beratung finden viele dann einen Weg aus der Isolation heraus.«

Angenommen, bei Anke und Markus erfüllt sich nun der Kinderwunsch. Dann haben sie nach langem Anlauf folgende *Chancen*:

- Sie haben sich intensiv mit dem Kinderwunsch auseinander gesetzt.
- Dass nun ein Kind kommt, wandelt die latente Spannung ihrer Beziehung in Erleichterung um: Ihr Wunsch hat sich erfüllt.

---

* Michaela Röder-Bassenge ist Heilpraktikerin und Geburtsvorbereiterin mit Ausbildung in Gestalt- und Paartherapie in Regensburg

- Die beiden haben in der Regel keine Geldsorgen: Das Eigenheim steht vielleicht schon.
- Beide hatten ausreichend Zeit, das gemeinsame Nest vorzubereiten.
- Sie haben ihren »jugendlichen Leichtsinn« ausreichend ausgelebt und bekommen Lust auf Elternzeit und Verantwortung.
- Sie sind zu Einbußen bereit, die mit ihrem Kind verbunden sind.
- Auch die frisch gebackenen Großeltern sind glücklich und sagen alle erdenkliche Hilfe zu.
- Der Kinderwunsch hat sie beide reifen lassen.

Dieses Glück kann auch wieder *Schwierigkeiten* mit sich bringen:

- Die Beziehung hat unter dem dringenden Wunsch, ein Kind zu bekommen, gelitten: Sex stand unter Erfolgsdruck.
- Nachdem »es« endlich geklappt hat, wollen sie nun ja nichts falsch machen: Angst begleitet die Schwangerschaft.
- Alle Energie fließt in Richtung Kind – und nicht mehr zum Partner. Der fühlt sich womöglich zurückgesetzt.
- Vielleicht gibt es Verletzungen oder unterdrückte Trauer, wenn Fehlgeburten dem jetzigen Kind vorangingen.

Wenn ein Kind unerwartet kommt

*Sie werden von der
Schwangerschaft überrascht*

Inge und Paul hatten nach einer räumlichen Trennung wieder erste vorsichtige Schritte aufeinander zu gemacht, als sich ein Kind ankündigte. Das war keine frohe Botschaft, sondern zunächst nur die Frage: abtreiben oder nicht? Die beiden haben sich für das Kind entschieden – und damit werden die bisherigen Freiheiten zu Hürden: Er studiert noch und hat bislang das freie Leben genossen. Jetzt muss er seine Ausbildung in Windeseile beenden und einen Job finden. Sie arbeitet schon, muss aber die Stelle wegen des Kindes aufgeben. Jetzt erst wird eine gemeinsame Wohnung gesucht. Geld für die Einrichtung ist kaum da. Kurz: Die Partnerschaft steht auf noch sehr wackeligen Füßen.

Ihr Mut zum Kind wird mit diesen *Chancen* belohnt:

- Die beiden gehen unvoreingenommen an die Schwangerschaft heran.
- Ihr Umgang mit dem Säugling kann beherzt und unkompliziert sein: »Das Kerlchen packt das schon.«
- Beide müssen sich um ihre ungefestigte Partnerschaft aktiv bemühen. Eine gemeinsame Paarebene gibt es noch nicht, aber sie kann in dem Maße wachsen wie das Kind im Bauch der Mutter.
- Die beiden ringen um die Elternaufgabe – ein bewusstes Nebeneinander (vgl. Kapitel »Gegeneinander – Nebeneinander – Miteinander«) führt zum Miteinander.
- Beiden fällt es leicht, um Hilfe zu bitten oder sie anzunehmen. Keiner sagt: »Ihr wolltet es ja so.«
- Wenn viele Lebensbereiche noch nicht gefestigt sind, erleichtert dies unkonventionelle Lösungen. Der Freundeskreis passt auf das Kind auf; die Großeltern springen ein; die Krabbelstube an der Uni wird in Anspruch genommen.

Die wackelige Beziehung kann einknicken, wenn folgende *Schwierigkeiten* auftauchen:

- Wenn die Eltern noch jung sind, ringen beide um berufliche und finanzielle Absicherung.
- Die Partner sind einander noch wenig vertraut, was zu Missverständnissen führt.
- Früh gefreit, reut sie die verlorene Zeit allein oder zu zweit.
- Wenn sie sich überfordert fühlen, haben sie wenig Gemeinsames, was sie aufbaut. In der Krise kommt es zu Trennungsgedanken.

Wenn ein Kind kommen könnte

Sie sind noch in der Entscheidungsphase:
Wollen wir oder wollen wir nicht?

Ulla und Bernd sind ein Paar Anfang 30. Über Kinder haben sie sich bislang wenig Gedanken gemacht. Dazu hatten sie kaum Zeit und Gelegenheit, denn beide haben bisher an Beruf und Karriere gebastelt. Er arbeitet als Assistenzarzt in der Klinik, sie bekommt gerade einen Job 100 Kilometer entfernt angeboten. Soll Ulla die Chance ergreifen? Oder wollen sie jetzt Nägel mit Köpfen machen und eine Familie gründen?

Chancen, die eine Elternschaft nach längerer Zweifelsphase birgt:

- Die Zweifel führen dazu, dass beide genau abklären, wie der Lebensentwurf mit dem Kind aussehen soll.
- Elternkooperation entwerfen sie im Vorfeld – und wird gezielt Schritt für Schritt erarbeitet.
- Bei der Familiengründung werden die berufliche Zukunft und die persönliche Entwicklung mitbedacht.
- Eine solide Grundlage für die Familiengründung schafft Freiräume: Vielleicht teilen sich beide die Elternzeit. Vorübergehend verkraften sie, weniger Geld zu haben.

- Die beiden haben genügend positive Erfahrungen als Paar gemacht, um Durststrecken zu überstehen.
- Viele Freunde haben bereits Kinder, potenzielle Spielkameraden für den eigenen Nachwuchs und die Erfahrung der jungen Eltern können sie nutzen.

Die schwebende Phase bringt auch *Schwierigkeiten* mit sich:

- Die Partnerschaft ist durch das lange Warten ermüdet. Nach längerer Zweifelsphase ist das Paar schon älter: Bei Krise oder Überforderung sind die Nerven nicht mehr so stabil.
- Sollte die Entscheidung »im Zweifel für den Beruf« gefallen sein, hat ein unerwartetes Kind es schwer. Denn wenn es trotzdem kommt, wird es womöglich als lästiges Anhängsel empfunden und auch so behandelt.
- Wenn das Zaudern über Jahre anhält, steht möglicherweise ein unbewusstes Verbot dem Kinderwunsch entgegen. Es gilt zu klären, was ein Kind fürs eigene Leben bedeutet.
- Wenn die Zweifel nicht ausgeräumt werden, kann die Partnerschaft leiden, und es kommt zu Vorwürfen: »Du wolltest doch das Kind!«

Wenn noch ein Kind kommt

Sie haben schon Kinder und werden von einem
»Nachzügler« überrascht

Ungewollte Schwangerschaften gibt es nicht nur zu Beginn der Familienphase. Ein Drittel der Konfliktgespräche bei der Schwangerschaftsberatungsstelle Donum Vitae in Regensburg führen »gestandene« Mütter.*

---

* Doris Schiller, s. Anmerkung S. 21

Begleiten wir Anke und Markus ein paar Jahre als Familie. Sie haben bereits zwei Kinder, die inzwischen in den Kindergarten und die Grundschule gehen. Anke hat dadurch am Vormittag Zeit für sich und fängt wieder stundenweise zu arbeiten an. Jetzt erfährt sie, dass sie nochmals schwanger ist. Damit haben weder Anke noch Markus gerechnet.

Ein weiteres Kind in einer bestehenden Familie hat folgende *Chancen*:

- Das Kind stößt auf »Profis« in der Kindererziehung.
- Die Eltern haben berufliche Vorstellungen oder persönliche Träume familientauglich angepasst.
- Es gibt Brüder oder Schwestern, die aufpassen können.
- Das Kind entwickelt gegenüber Geschwistern die nötigen Ellenbogen.
- Der Haushalt ist bereits für Kleinkinder eingerichtet, verträgt Flecken und Kratzer und hat keine Stolperfallen mehr.
- Ab drei Kindern gibt es viele Vergünstigungen für »Kinderreiche«.
- Der Freundes- und Bekanntenkreis ändert sich nicht so stark wie beim ersten Kind.

Ein Nachzügler stellt die Eltern vor folgende *Schwierigkeiten*:

- Die Umgebung kann nicht noch ein Kind verkraften: Die Wohnung ist endgültig zu klein, ein größeres Auto sollte her.
- In wirtschaftlich schwierigen Zeiten können weitere Kinder als Belastung empfunden werden.
- Kleine Freiheiten verschwinden wieder: Die freien Vormittage des Partners, der um des Kindes willen zurücksteckt, geraten um mehrere Jahre außer Sicht.
- Der Aufwand geht wieder von vorn los: Windeln, Schnuller, wenig Schlaf: Das belastet eine Partnerschaft, die Erholung gebrauchen könnte.

Wenn ein Kind nicht kommen durfte

Trauer, Schuldgefühle und Verlustangst leben wieder auf

Frühere Schwangerschaften wirken sich auf die neue Elternschaft aus. Nach einer Fehlgeburt kann unbewältigte Trauer wieder lebendig werden. Die Angst, erneut ein Kind zu verlieren, kann eine aktuelle Schwangerschaft begleiten. Wer abgetrieben hatte und nun wieder schwanger ist, kann verborgene Schuldgefühle und alte Verletzungen erneut spüren. Vielleicht hat ein Partner aus früheren Beziehungen ein Kind oder mehrere, aber keinen Kontakt zu ihnen.

> Marina litt lange nach einer Totgeburt. Seit sie wieder schwanger ist, muss sie ständig an die Totgeburt denken. Sie sucht eine Beratung auf. Jetzt hilft ihr die Vorstellung weiter, dass das Kind sie auch in Zukunft begleitet und ihr im jetzigen Leben hilft. In der Wohnung hat sie ein Windspiel hängen. Marina knüpft daran zusätzlich eine Feder. So bekommt das Kind, das sie verloren hat, einen ganz besonderen Platz in ihrer Wohnung – und das nun erwartete Kind soll einen eigenen, neuen Namen erhalten.

Schmerzen früherer Schwangerschaften, vielleicht mit einem anderen Partner, können Beziehungen belasten: sowohl zum nächsten Kind als auch zum Partner. Vielleicht ahnt ein neuer Partner gar nichts von wunden Punkten in der Vergangenheit. Hier hilft auf Dauer nur ehrliches Hinschauen. Damit das nächste Kind einen guten Platz in der Familie erhält, sollte ein Paar klar zwischen dem früheren und jetzigen Kind unterscheiden.

Überlegen Sie, welche der beschriebenen Situationen auf Sie am meisten zutrifft. Nutzen Sie die damit verbundenen Chancen. Die Risiken können Sie verringern, indem Sie offen darüber reden. Je bewusster ein Paar seine eigene Familienentwicklung anschaut, umso leichter tut es sich mit Entscheidungen in der Gegenwart.

»Wie unsere Eltern wollen wir niemals werden«

Kindheitserlebnisse – die machtvollen Eltern hinter den Eltern

Seit dem Auszug aus dem eigenen Elternhaus sind bei den meisten Paaren viele Jahre vergangen. Die Erinnerungen an die Kindheit scheinen verblasst zu sein. Viele Erwachsene können sich nur noch bruchstückhaft an ihre Kindertage erinnern. Neue Erfahrungen in den Ausbildungs- und Studienjahren machten den Weg frei für einen eigenständigen Lebensstil. Irgendwann zog man in die erste eigene Bude und konnte seine vier Wände einrichten, sich endlich frei im selbst gewählten Chaos oder auch in der individuell gestylten Wohnung bewegen. Dort konnte der Freund oder die Freundin übernachten, mitwohnen, ab jetzt redete einem niemand mehr rein. In einer Wohngemeinschaft wechselten die Mitbewohner und mit ihnen auch die unterschiedlichen Vorstellungen, wie man zu mehreren Kühlschrank, Küche oder Klo benutzt. Das war zwar auch oft nervig, aber wenigstens waren keine Eltern mehr mit guten Vor- und Ratschlägen in der Nähe. Spätestens mit dem Berufseinstieg begann die große Freiheit – endlich finanziell unabhängig, endlich zeigen können, was in einem steckt – ein heiß ersehnter Moment!

Mit einer ähnlichen Aufbruchstimmung gehen die meisten Paare auch an die neue Elternaufgabe heran. »Wir werden unser Kind ganz nach unseren Vorstellungen erziehen!« Genau! Junge Eltern wollen und sollen ihren eigenen Weg finden! In diesem Neubeginn steckt viel Kraft!

Nach monatelangem Warten kommt dann endlich das Baby auf die Welt – lang ersehnt und dennoch unverhofft. Staunen, Stolz, Erschöpfung, Glück, manchmal auch Enttäuschung, weil erste Geburten oft so ganz anders verlaufen, als ein Paar sich dies im Geburtsvorbereitungskurs ausgemalt hatte. Innerhalb weniger Tage verändert sich schlagartig der ganze Tagesablauf, alle Gespräche, Gedanken, Gefühle, Tätigkeiten drehen sich nur noch um das Kleine. Bereits nach wenigen Wochen erschrecken viele junge Eltern, wenn sie erkennen, wie sich Lebensgewohnheiten einschleichen, von denen sie – meist sogar beide! – geschworen hätten, dass ihnen das nie passiert. Das fängt bereits bei Äußerlichkeiten an: Ihre schicke Arbeitskleidung bleibt im Schrank und wird von Jeans und weitem Pulli abgelöst, zu Muttis Küchenschürze fehlt nicht mehr viel. Seine Arbeitszeiten nehmen zu, die Unternehmungen mit Freunden werden weniger und die Feierabende verlagern sich zunehmend aufs Sofa vor dem Fernseher. Das kennt er von seinem Vater. – Hoppla, war das so ausgemacht?

Traditionelle Familienbilder, gespeist durch eigene Kindheitserfahrungen, halten in fast allen jungen Familien Einzug. So auch bei Rainer und Sabine:

Sabine wohnt mit Rainer seit sechs Jahren zusammen, als sie beschließen, eine Familie zu gründen. Bisher waren sie beide berufstätig, haben sich die Arbeiten im Haushalt geteilt. Sabine empfand Hausarbeit stets als äußerst lästig, so dass Rainer meist mehr machte. Sabine hatte bei ihrer Mutter erlebt, wie diese mit Makrameeampeln, Bonsaibäumchen und tausend kleinen Accessoires die Wohnung verzierte und Staubwischen zu einer Wissenschaft erklärte. »Job-Enrichment für die akademisch gebildete Vollzeitmutter« nannte Sabine dies bisher verächtlich.

Seit Johanna auf der Welt ist, verbringt Sabine die meiste Zeit mit dem Baby in der Wohnung. Nachdem Rainer allein für das Familieneinkommen aufkommt, übernimmt sie die Hausarbeit. Das nervt sie nach wie vor, doch von Tag zu Tag fallen ihr mehr Dinge ein, wie sie die notwendigen Hausarbeiten mit schönen Tätigkeiten anreichern kann. Sie kauft Zimmerpflanzen, Kerzenständer und letzthin ertappte sie sich dabei, wie sie vor einer Makrameeampel im Blumenladen stand. Belustigt und zugleich entsetzt trat sie einen Schritt zurück.

Kein Grund zur Panik – zunächst gibt eine solche Entdeckung einen wichtigen Hinweis darauf, dass bis jetzt noch kein eigenständiger Weg eingeschlagen wurde. Die beste Gelegenheit, an dieser Stelle über Alternativen nachzudenken! Möglicherweise ist die Entscheidung, dass Sabine ihren Beruf vollständig aufgegeben hat, für sie inzwischen doch nicht mehr eine zufrieden stellende Entscheidung und es bedarf eines Gesprächs mit Rainer. Oder aber Sabine gesteht sich ein, dass ihr der neue Lebensstil wirklich gefällt. Wenn uns altbekannte Gewohnheiten der Eltern schmunzeln lassen, hat das auch etwas Versöhnliches. Solche Entdeckungen ermöglichen neues Verständnis für die eigenen Eltern. Vielleicht fragt Sabine einmal bei ihrer Mutter nach, wie deren Liebe zu Wohnaccessoires entstand – möglicherweise war dies auch ein in der Not geborener Ausweg, um mit der Haushaltsroutine zurechtzukommen.

Was mit Sabine geschieht, erleben die meisten jungen Eltern, und zwar in den unterschiedlichsten Variationen. Unbewusst greift jeder auf altbewährte Lösungsmuster zurück, wenn er vor einer neuen Situation im Leben steht.

Bei den bevorstehenden Erziehungsaufgaben haben junge Paare kaum ein anderes Vorbild als das der eigenen Eltern. Wer später Kinder bekommt, kennt zwar schon Vorbilder im Kreis von Freunden und Geschwistern. Dennoch werden

Vorbilder des eigenen Elternhauses unbewusst mitarbeiten, schließlich haben wir sie buchstäblich mit der Muttermilch in uns aufgesogen. Unsere Eltern lebten vor, wie man ein Kind versorgt, wer fürs Trösten zuständig ist und wer für die Leistung. Von ihnen haben wir gelernt, wie Eltern zusammenarbeiten – falls sie dies taten. Haben sich die Eltern gegenseitig unterstützt oder einander eher die unangenehmen Aufgaben zugeschustert? Unsere Eltern haben *Vorbildfunktion*, auch wenn wir uns dagegen wehren und mit ihrem Erziehungsstil nicht einverstanden sind.

Jeder bringt seine eigenen, persönlichen Elternbilder mit. Sie bilden zunächst einen, wenn auch unter Umständen brüchigen Rettungsanker für das neue Familienleben, solange wir keine anderen Ideale miteinander entwickelt haben. Auch im Umgang mit ihrem Kind entdecken junge Eltern, wie sie unwillkürlich Handlungen wiederholen, die sie von ihren Eltern kennen. So springt die Mutter wie selbstverständlich auf, wenn das Baby schreit, oder der Vater reagiert unbeholfen, wenn er das Weinen des Babys nicht einschätzen kann. Interessanterweise verhalten sie sich in Situationen, in denen der Partner nicht da ist, weitaus gelassener. Unbeobachtet wächst der Mut zu eigenen Schritten mit dem Baby. Wenn er für das Kleine allein zuständig ist, kümmert er sich um sein Kind genauso fürsorglich wie sie. Und wenn sie allein ist, beobachtet sie ihr Kind erst einmal, bevor sie es aufnimmt, bis sie einschätzen kann, was ihm fehlt.

Im Umgang mit dem Baby verstärken sich traditionelle Vater- und Mutterbilder gegenseitig. Wenn einer sich vom anderen beobachtet fühlt, greift er schnell auf altbewährte Handlungen zurück, um die Unsicherheit zu überspielen. Natürlich sind junge Eltern – Frauen wie Männer – anfangs etwas unsicher und bauen erst nach und nach eine sichere Beziehung zu ihrem Kind auf. Daher werden sie zunächst ein Zusammenspiel wiederholen, das sie bei den eigenen Eltern erlebt haben. Erst wenn sie dieses Zusammenspiel hinterfragen, können sie ein eigenständiges Elternmodell entwickeln.

Eltern, die sich vornehmen, ihr Kind miteinander zu erziehen, sollten einander auf diesen Erkundungstouren Zeit zugestehen. Wenn sie regelmäßig über die Erfahrungen aus beiden Familien sprechen, wächst das Verständnis für den unterschiedlichen Umgang beider mit dem Kind.

Die Rund-um-die-Uhr-Verantwortung, die selbst Arbeitswütige unter den Berufstätigen in dieser Weise selten zuvor erlebt haben, nagt bei vielen jungen Eltern an den Nerven. Sie arbeiten nicht mehr strukturiert, sondern erziehen, und das heißt: Hausarbeiten werden äußerst praktisch in eng begrenzten Zeiträumen erledigt, gleichzeitig werden sie so angelegt, dass sie jederzeit unterbrochen und wieder aufgenommen werden können, ohne dass Panik ausbricht. Das lässt tagsüber Frust entstehen, wenn die Wohnung abends mindestens so unordentlich aussieht wie am Morgen. Nachts lösen Schlafstörungen die dringend benötigte Ruhe ab. Manager würden für so ein gewolltes Überlebenstraining viel Geld zahlen. Bei jungen Familien liegen bloß die Nerven blank.

Hier stellt sich oft heraus, dass beide Partner sehr *unterschiedliche Vorerfahrungen* mitbringen, wie sie mit Stress und ambivalenten Gefühlen umgehen können. Darf jeder Gefühle zeigen? Ist es erlaubt, auf ein Baby oder generell auf jemanden wütend zu sein? Darf die junge Mutter oder der junge Vater sagen, dass einer sich unsicher fühlt oder Angst hat? Und wenn eine Traurigkeit in einem hochsteigt, weil mit dem Elternwerden ein Stück Jugend und Unverbindlichkeit im Leben sich verabschiedet, darf das der Partner wissen?

Welche Gefühle jeder von uns in sich wahrnehmen und wie er sie in der Partnerschaft, in der Familie zeigen darf, haben wir ursprünglich in unserer Herkunftsfamilie gelernt. Kommt ein

Partner aus einer Familie, in der »nie gestritten wurde«, während der andere in einer lautstarken Familie heranwuchs, werden die zwei in Stresssituationen mit den gewohnten Konfliktlösungsmustern reagieren. Sprich: Der eine zieht sich tonlos zurück, während der andere wie ein Feuerwerk wütende, verzweifelte oder traurige Gefühle auslebt. Konfliktlösungsmuster verankern sich im Laufe der Kindheit, wir schauen sie uns bereits früh von unseren Eltern ab. Es dauert oft Jahre, bis Paare eine eigene Form der Konfliktlösung gefunden haben.

Manchmal belasten schwerwiegende *Kindheitserlebnisse* die gemeinsamen Lebensvorstellungen, wie folgendes Beispiel aus der Beratungspraxis zeigt:

> Bis vor kurzem waren Katrin und Sebastian jedes Wochenende in der Stadt unterwegs. Sie hatten einen großen Freundeskreis und feierten viele Feten. Seit ihre zwei Kinder Anna (drei Jahre) und Julian (ein Jahr) auf der Welt sind, kennt Sebastian seine Frau nicht mehr. Als sie stillte, verstand er, dass sie nicht fortkonnte, doch inzwischen sind sie seit drei Jahren keinen Abend mehr allein unterwegs gewesen. Der Liebeshimmel hängt mittlerweile ziemlich tief und frustriert zieht Sebastian allein in die Stadt.
>
> Im Gespräch in der Beratung erkennt Katrin, dass sie Angst hat, ihre Kinder alleine zu lassen. Sie erinnert sich an ein schlimmes Erlebnis, als sie als zwölfjähriges Mädchen ihren jüngeren Bruder hütete. Während die Eltern im Theater waren, bekam dieser einen Pseudokrupp-Anfall. Sie konnte den Notarzt alarmieren, die Eltern kehrten gerade zurück, als dieser eintraf. Dann drehte sich alles nur noch um den kleinen Bruder und keiner bemerkte, wie sie völlig verängstigt im Bett weinte.

Katrin hatte Sebastian bisher erklärt, dass sie keine Lust mehr am Ausgehen habe und dass sie das ruhige Familienleben genieße. An diesem Abend aber konnte sie ihm die tiefer liegenden Beweggründe schildern. Als Sebastian sie daraufhin in den Arm nahm und ihre Angst verstand, konnte sie sich wieder öffnen, und gemeinsam überlegten sie, wem sie ihre Kinder guten Gewissens anvertrauen könnten, wenn sie etwas ohne sie unternehmen möchten.

Das Beispiel zeigt, dass nicht nur die elterlichen Vorbilder wirken. Auch eigene erste Gehversuche, Kinder zu betreuen, können unsere Gefühle und daraufhin unser Handeln beeinflussen. Ähnliche Auswirkungen haben so genannte *Glaubenssätze*, die die eigenen Eltern permanent wiederholten. Hieß es beispielsweise »Gib niemals ein kleines Kind in fremde Hände«, fühlt sich ein junger Vater oder eine junge Mutter zunächst ebenfalls innerlich gebunden. Zum einem ist dann hilfreich, nach der Entstehung solcher Glaubenssätze zu suchen – meist steckt bei den eigenen Eltern ein vergleichbar traumatisches Ereignis dahinter wie jenes, das Katrin erlebte. Zum anderen hilft hier wieder ein Gespräch zu zweit, in dem die Partner voneinander die unterschiedlichen *Familienmythen* kennen lernen und daraufhin entscheiden, was für sie heute in der aktuellen Lebenssituation angemessen ist.

Wie wir als junge Familie zu Freunden, Bekannten oder Vereinen Kontakt aufnehmen, wird zunächst auch durch familiäre Vorerfahrungen bestimmt. In einem Beratungsgespräch wird deutlich, dass *alte Kinderwünsche* und heutige Elternwünsche miteinander kollidieren können.

Jürgen war schon immer ein ruhiger, zurückgezogener Mensch, er mochte noch nie größere Gruppen. Am liebsten ging er allein und später mit Sandra in die Berge. Seit ihre Zwillinge auf der Welt sind, genießen Jürgen und Sandra die gemeinsame Zeit zu Hause. Anstrengend wird es für Jürgen immer dann, wenn Sandra mit den Kindern und den Familien aus der Eltern-Kind-Gruppe etwas unternehmen möchte. Sandra würde mit ihm so gerne zum Stadtfest oder aufs Feuerwehrfest gehen. Sie versteht nicht, weshalb er so abblockt.

Erst im Beratungsgespräch erfährt Sandra von Jürgen, dass ihn diese Feste an Erlebnisse aus seiner Kindheit erinnern. Jürgens Vater ist ein angesehener Mann in seiner Heimatstadt. Als Vorsitzender der freiwilligen Feuerwehr, Posaunist in der Musikkapelle und aktives Mitglied im Schützenverein verbrachte der Vater viel Zeit außer Haus. Wenn Jürgen an seine Kindheit zurückdenkt, kann er sich nur an wenige Erlebnisse erinnern, in denen er einmal ganz allein mit seinem Vater etwas unternommen hat. Jürgen fühlte sich damals von seinem Vater oft übersehen und hasste den Druck, den Vereinsfreunde des Vaters auf ihn ausübten. Lange hatte Jürgen diese Erlebnisse vergessen, doch seit seine Jungs auf der Welt sind, tauchen die Erinnerungen wieder auf.

Sandras Wunsch hat Jürgen in eine Pattsituation gebracht: Solch laute Feste entfernten seinen Vater von ihm, jetzt entfernt er sich von seinen Kindern, wenn er nicht mit ihnen auf die Feste geht. Seit Sandra um Jürgens Erfahrungen weiß, macht sie ihm keine Vorwürfe mehr, Jürgen nimmt im Gegenzug ihren Wunsch nach gemeinsamen Unternehmungen ernst. Also planen sie Aktionen, an denen alle vier Spaß haben.

Wer weiß, vielleicht wird eines Tages einer der Söhne so begeistert im Fußballclub spielen, dass Jürgen den Sportplatz nochmals neu entdeckt. Unsere Kinder helfen uns manchmal indirekt, alte Wege neu zu beschreiten.

Neben Familienmythen und Familienerfahrungen spielen auch die unterschiedlichen *Wertesysteme* beider Herkunftsfamilien im gemeinsamen Elternsein eine wichtige Rolle: Welche Bedeutung hatten Werte wie finanzielle Sicherheit, persönliche Freiheit, Solidarität oder Glaube in der Familie?

Besonders deutlich spüren das Paare, deren Herkunftsfamilien aus unterschiedlichen Kulturen stammen. Bereits in einer ostwestdeutschen Partnerschaft treten solche Differenzen ans Tageslicht. Stammt ein Partner aus einer dörflichen Gegend und der andere aus der Großstadt, werden auch sie unterschiedliche Einstellungen entdecken, wenn es beispielsweise um Familienfeiern oder Spielkontakte der Kinder geht. Auch das Thema, wie Familien mit Geld und Werten umgehen, wird junge Paare einholen, wenn das erste Kind kommt. Barbara erzählt folgende Geschichte von sich:

Als Andreas von Barbara erfährt, dass sie schwanger ist, reagiert er schockiert. Sie sind beide noch in der Ausbildung und erst seit wenigen Monaten befreundet. Barbara reagiert aus seiner Sicht verblüffend gelassen. Während er sofort ausrechnet, wie sie ihren Unterhalt und eine größere Wohnung finanzieren können, organisiert sie seelenruhig die Erstlingsausstattung im Secondhandladen und auf Flohmärkten.

Es sollte Jahre dauern, bis sich Andreas und Barbara über diese für sie beide höchst unverständlichen Reaktionsweisen unterhalten können. Hätte nicht eher Barbara in Panik ausbrechen müssen? Was trieb Andreas so stark an, die finanzielle Seite zu prüfen? Barbara war in einer Familie mit sechs Geschwistern aufgewachsen. Von ihren Eltern hatte sie mitbekommen, dass auch unter schwierigen Umständen für ein Kind immer genügend da sein würde. In ihrer Familie gab es den Leitspruch »Wo ein Häschen, da ein Gräschen« – das gab ihr in diesem Moment Sicherheit. Andreas stammt aus einer Beamtenfamilie. Sein Vater ordnete akribisch alle Belege und führte ein Einnahmen- und Ausgabenbuch. Als Andreas erfuhr, dass Barbara schwanger war, fühlte er sich keineswegs sicher, ob er mit Barbara zusammenleben wollte. Die Entscheidung war bisher noch nicht im Raum gestanden und auch jetzt schob er diesen Gedanken zunächst einmal weg. In dem Moment, als er von der Schwangerschaft erfuhr, schaltete sein »Notprogramm« auf Vertrautes: solide Finanzplanung, so, wie er sie von seinem Vater gelernt hatte.

Durch die Geburt eigener Kinder wird in jedem von uns ein seelischer Prozess aktiviert, in dem wir unsere eigenen Kindheitserfahrungen erneut abrufen. Stehen wir beispielsweise unserem dreijährigen Kind gegenüber, werden mehr oder weniger bewusst Erinnerungen an dieses Alter in unserem Leben wachgerufen. Fühlten wir uns in diesem Alter bei unseren Eltern sicher gebunden, haben wir auch als Eltern eine gute Grundlage, um unserem Kind psychische Sicherheit zu geben. Fällt in dieses Alter dagegen die Scheidung der eigenen Eltern, werden damals erlebte Ängste das heutige Erziehungsverhalten beeinflussen. Möglicherweise erschwert eine unterschwellige Angst die eigene Fähigkeit, dem Kind die nötigen Grenzen zu setzen. Oder aber man reagiert besonders unausgeglichen, mal extrem streng, mal besonders liebevoll, weil eine eigene Zerrissenheit diesen Lebensabschnitt kennzeichnete.

Partnerschaftliches Elternsein wird auf dem Hintergrund zweier verschiedener Herkunftsfamilien besonders spannend – im positiven wie im negativen Sinne. Egal, welches Erziehungsthema ansteht, wie immer wir die Beziehung zu unserem Kind gestalten, die Erfahrungen aus zwei Elternhäusern werden mitschwingen.

Wenn wir unsere Kinder nach unseren eigenen Wertvorstellungen und mit selbst gewählten Handlungen erziehen wollen, wird uns das in dem Maße gelingen, wie wir unsere eigenen Kindheitserfahrungen bewusst ansehen. Je genauer jeder von uns herausfindet, was ihm als Kind gut tat und was ihn schmerzte, und wir dies dem Partner auch mitteilen, desto kraftvoller starten wir in unser eigenes Elternsein. Wir sind dann in der Lage zu entscheiden, welche Einstellungen, Erfahrungen und Verhaltensweisen wir gerne weitergeben wollen und welche nicht. Für Dinge, die wir vermissten, oder für Erlebnisse, die uns schmerzten, werden wir Neues hinzulernen müssen – bei manchen Themen betrifft dies beide Partner, manchmal nur einen.

Zum Glück wächst ein Kind langsam heran und wir haben als junge Eltern ausreichend Zeit, um mit jedem Entwicklungsschritt auch selbst mitzuwachsen. Auch unser Bild darüber, wie eine »gute Mutter« und ein »guter Vater« sich verhält, kann und wird sich weiterentwickeln. Vor allem aber bietet sich uns mit jedem Entwicklungsschritt, den unser Kind geht, eine neue Möglichkeit, als Eltern gemeinsam Lösungen zu finden.

So lebte unsere Familie

Nehmen Sie sich Zeit für ein Zwiegespräch über Ihre ersten Erinnerungen.

- Welche Erzählungen gibt es über Ihre Geburt, Babyzeit, Kleinkindzeit?
- Wie haben Sie Ihren Vater in den ersten Lebensjahren erlebt – in Bezug zu Ihnen, zu Ihrer Mutter, zu seinen Freunden, zu seinem Beruf? Woran erinnern Sie sich selbst, was wurde Ihnen erzählt? Von wem?
- Wie haben Sie Ihre Mutter erlebt in den ersten Lebensjahren – in Bezug zu Ihnen, zu Ihrem Vater, zu ihren Freundinnen, zu ihrem Beruf? Woran erinnern Sie sich selbst, was wurde Ihnen erzählt? Von wem?
- Wie haben Sie Ihre Eltern miteinander erlebt in den ersten Lebensjahren? Woran erinnern Sie sich selbst, was wurde Ihnen erzählt? Von wem?

Beschreiben Sie einander, was sie erlebt haben. Versuchen Sie, *konkret* zu schildern und *ohne Bewertungen* auszukommen. Sie werden wesentlich mehr voneinander erfahren.

Gegeneinander – Nebeneinander – Miteinander

Wie die Zusammenarbeit der Eltern funktioniert

Kennen Sie Eltern, die bewusst gegeneinander arbeiten? Glauben Sie, dass diese gezielt geplant haben, ihr Kind gegenläufig zu erziehen? Wir kennen bisher kein Paar, das sich dies vorgenommen hätte. Doch begegnen uns etliche Paare, die bereits nach wenigen Monaten über ihre unterschiedlichen Vorstellungen stolpern.

Folgende »alltägliche Geschichte« hat Gerhard Polt sicherlich nicht ganz erfunden. Wo er sie aufgeschnappt hat? In Bayern, logisch! In Mecklenburg-Vorpommern oder Niedersachsen gibt's so was nicht – oder doch?

ERNST *Als Kunstmaler könnt er an Haufen Geld verdienen.*

HILDE *Ja, aber bloß, wenn er berühmt ist. Die meisten von denen verhungern. Ich bin der Meinung, der soll das Abitur machen, am besten humanistisch, weil des is immer noch ein Fundament. Und dann auf alle Fälle ein Studium. Malen kann er dann immer noch als Hobby, wenn er was Ordentliches gelernt hat.*

ERNST *Aber dann is vielleicht für seine Entwicklung schon zu spät. Als Kunstmaler muss er ganz früh anfangen. Sonst wird er nix.*

HILDE *So weit dadst as du kemma lassn, dass der an ganzen Tag im Bett liegt und auf a Idee wartet. Da mach ich net mit. Warum soll er denn kein Jurist werdn? Oder Zahnarzt? Des san Spitzenverdiener.*

Das Gespräch zwischen den beiden schaukelt sich langsam, aber sicher hoch. Ernst wird immer ungehaltener, Hilde ist den Tränen nahe.

HILDE *Ach! Ich find des so gemein, dass du dem Kind alle Zukunftschancen nimmst. Wie soll er denn amal a ordentliche Existenz aufbaun? Du singst ja aa bloß im Hobbyraum drunten und hast keinen Beruf draus gmacht.*

ERNST *Ich hab ja auch schließlich was anders glernt.*

Ein Säugling quäkt.

Hilde, dein Kind schreit!

Hilde geht zur Wiege, beugt sich beruhigend hinein.

HILDE *Ja, Buzele, der Hansi, jaja, gel, des tust du deiner Mammi nicht an. Du wirst amal kein Kunstmaler, gel, jaja ...* *

Für Eltern eines Säuglings zugegebenermaßen ein krasses Gespräch. Doch zwischen Eltern pubertärer Kinder ein durchaus realistischer Schlagabtausch – Ernst und Hilde sind so gesehen ihrer Zeit um 15 Jahre voraus!

Mit Blick auf ältere Elternpaare, die nach vielen Jahren Ehe nichts mehr voneinander annehmen oder sich – scheinbar – gar nichts mehr zu sagen haben, regt sich ein innerer Aufschrei: »Nein, so wollen wir nicht werden! Nur noch Kampf oder stoisch aneinander vorbeischauen – Nein, so nicht! Wir werden das ganz anders schaffen!!«

---

* Gerhard Polt/Hanns Christian Müller: »Zukunftsaussichten«, aus: Gerhard Polt: *Circus Maximus*, Copyright © 2002 KEIN & ABER AG, Zürich

Alle uns bekannten Eltern, die sich für ein gemeinsames Leben entschieden haben, wünschten sich, ihr Kind miteinander zu erziehen. Auf dem Weg dorthin gab es bei allen etliche Hürden zu überwinden – auch bei uns, den Autoren. Wie kommt es, dass viele Paare ihren ursprünglichen Kooperationswunsch aus den Augen verlieren – und schließlich nicht nur diesen Wunsch, sondern auch sich selbst?

Wir stellen Ihnen typische Entwicklungen vor, die Sie anhand der Grafik auf Seite 48 leicht nachvollziehen können.

Vom sprachlosen zum bewussten Nebeneinander

 wird zu

Der junge Familienalltag hat einen neuen Lebensrhythmus. Die Mehrzahl aller Eltern entscheidet sich dafür, dass ein Partner sich Vollzeit um Haus und Kind kümmert, während der andere sich verstärkt an die Arbeitsstätte bindet. Dadurch verringern sich in den meisten Partnerschaften die gemeinsamen Berührungspunkte. Dies führt in vielen Partnerschaften zu einem zunehmend sprachlosen Nebeneinander: Jeder geht gewissenhaft seiner Aufgabe nach, doch gemeinsame Erlebnisse nehmen rasant ab.

> Albrecht und Birgit leben bereits vier Jahre zusammen, als sich ihr Sohn Benedikt anmeldet. Beide verbindet die Liebe zur klassischen Musik, sie gehen gerne miteinander tanzen. Sie lieben tiefsinnige Gespräche genauso wie klärende Diskussionen über ihr Zusammenleben. Als aufgeschlossenes, engagiertes Paar wollen sie ihr Kind bewusst gemeinsam erziehen.

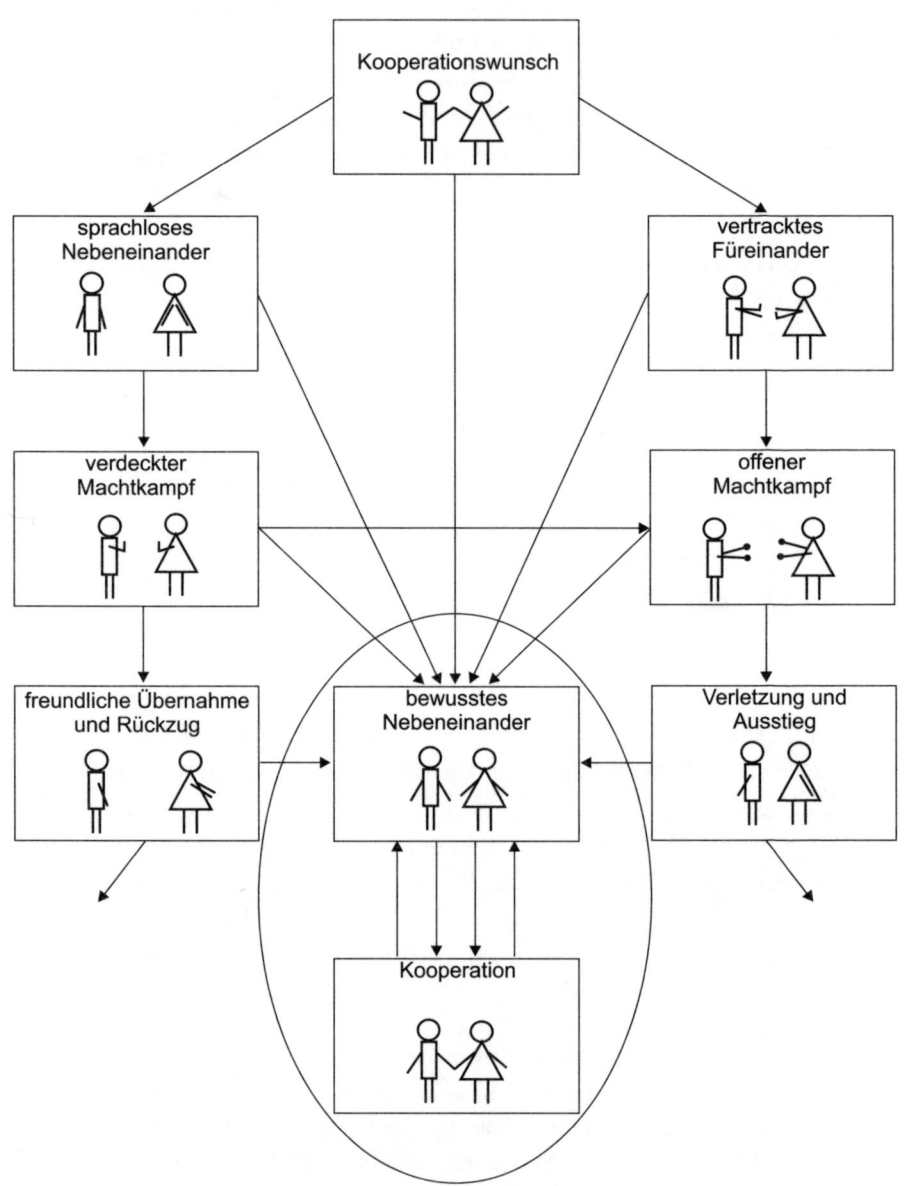

Nach der Geburt bleibt Birgit zunächst zu Hause. Als Benedikt ein halbes Jahr alt ist, fällt ihr auf, dass ihre einst ausgiebigen Gespräche aus ihrem gemeinsamen Leben fast völlig verschwunden sind. Sie verbringt den Tag mit dem Baby, und wenn Albrecht heimkommt, nimmt er ihr den Kleinen ab, so dass sie wenigstens mal in Ruhe duschen kann. Am Abend hängen beide müde im Sofa. »Wir hätten nie gedacht, dass wir an einen Punkt kommen, wo wir uns so wenig zu sagen haben«, erzählt Albrecht auf einer Familienfreizeit, zu der Birgit sie angemeldet hat. Mit sechs jungen Elternpaaren verbringen sie ein Wochenende zum Thema »Keine ruhige Minute …«. Auf diesem Seminar finden Albrecht und Birgit erstmals Zeit für intensivere Zwiegespräche. »Es war so entlastend zu sehen, dass es anderen Paaren genauso geht wie uns. Und wir haben viele Ideen gehört, wie andere Paare das packen.«

Vielleicht geht es Ihnen gerade ähnlich wie Albrecht und Birgit. Sie haben sich ganz bewusst für die Familiengründung entschieden, zahlreiche praktische Fragen im Vorhinein geklärt und erleben trotzdem manchen Frust, weil sie oft nur mehr erschöpft nebeneinander sitzen und bereits kleine abweisende Gesten sie gegeneinander aufbringen.

Albrecht und Birgit haben zwei Ideen vom Seminar mitgenommen: Sie werden jetzt den »Paarabend« und den »Elternabend« einführen – immer abwechselnd jede Woche – mehr wäre zur Zeit unrealistisch, doch diese Abende wollen sie sich gönnen.

Paarabend

An diesem Abend hat all das Platz, was nur Sie beide als Mann und Frau betrifft.

Erinnern Sie sich an Ihre Lieblingsbeschäftigungen, bevor Ihr Kind zur Welt kam: Musik hören, Kerzen anzünden, tanzen ... Vieles davon geht auch in den eigenen vier Wänden, wenn gerade kein Babysitter griffbereit ist: besonderes Essen kochen, kuscheln, Sex, Urlaubspläne schmieden ... Und so bald wie möglich organisieren Sie einen Babysitter für Ihren Paarabend, damit Sie auch wieder ausgehen können. Tabuthemen an diesem Abend sind Haushalt, Reparaturen, Berufsstress, Kindererziehung, Familie, Großeltern.

Elternabend

An diesem Abend stehen Sie als Eltern im Mittelpunkt. Treffen Sie sich an einem gemütlichen Ort zum lockeren Gespräch:

Was beschäftigte Sie in den vergangenen Tagen besonders? Hat Ihr Kind was Neues gelernt? Fordert ein bestimmtes Verhalten Sie gerade heraus? Gibt es etwas zu entscheiden, beispielsweise Impfungen, Krabbelgruppe? Braucht es neue Absprachen, zum Beispiel in Bezug aufs Zu-Bett-Bringen, oder nur Übergabe zwischen Ihnen beiden? Die Gesprächsregeln am Ende dieses Kapitels können Ihnen den Elternabend erleichtern.

Ein arbeitsteiliges Modell muss nicht zwangsläufig ein Auseinanderdriften der Partnerschaft nach sich ziehen. Entscheidend ist, nach wie vor neugierig auf die Erlebnisse des anderen zu sein.

Die vorgestellten Elternabende sind dann reizvoll, wenn Sie Neues voneinander erfahren und praktikable Lösungen finden wollen. Ausschließlich über Probleme zu reden ist ineffektiv und bringt nur Frust. Das ist der Punkt, weswegen viele Männer nicht reden wollen: Sie fürchten, dass Gespräche in eine gebetsmühlenartige Wiederholung von Problembeschreibungen hineinrutschen. Achten Sie also darauf, dass Sie Ihre Spürnase auf eine Lösung hin ausgerichtet halten.

Je mehr Eltern gefordert sind, desto dringender brauchen sie Highlights, die sie aus dem Alltag entführen. Paarabende sind Tankstellen für die Liebe.

Vom vertrackten Füreinander zum bewussten Nebeneinander

 wird zu

Gerade Paare, die miteinander sehr fürsorglich umgehen und sich schon früh über ihre gemeinsame Elternaufgabe Gedanken gemacht haben, sind irritiert, wenn die praktische Umsetzung anfangs so wenig klappt. Es ist einfach vertrackt:

Manuel und Maria lieben sich wirklich sehr – so sehr, dass jeder in jeder freien Minute für den anderen sorgen möchte. Durch ihre beiden Kinder (drei und eins) haben sie seit Jahren kaum eine Nacht durchgeschlafen, sie sind beide völlig erschöpft. Maria bietet an, dass sie nachts die Kinder allein betreut, weil sie seine berufliche

Belastung sieht. Er wacht nachts auf, um ihr beizustehen, weil er spürt, wie erschöpft sie ist. So schläft keiner entspannt. Beide sind zudem frustriert, weil der andere die angebotene Hilfe missachtet. Jeder macht zwar Vorschläge, wie der andere sich erholen könnte, empfindet aber die guten Ratschläge des anderen als Affront.

Eine ganz sonderbare Form des Gegeneinanders ist entstanden: Jeder macht, bildlich gesprochen, mit einer Hand dem Partner ein Angebot und lehnt mit der anderen Hand zugleich das Angebot des Partners ab. In einem Beratungsgespräch erkennen Manuel und Maria, dass zwei Dinge diese widersprüchliche Handhaltung lösen können. Erstens: Jeder lernt für sich selbst zu sorgen, indem er darauf achtet, wie viel Kraft er hat. Jeder hat den Mut, um Hilfe zu bitten, wenn es ihm zu viel wird. Zweitens: Jeder kann die Hilfe vom anderen annehmen, denn er traut ihm zu, nur so viel Hilfe anzubieten, wie der andere selbst verkraften kann.

Manuel und Maria haben Folgendes beschlossen: Maria nimmt Manuels Angebot an, dass er zwei Nächte voll verantwortlich für die Kinder da ist (wach war er bislang eh schon). Sie kann ihm das jetzt zumuten. Manuel wird Maria sagen, wenn er einzelne Nächte ungestört in seinem Zimmer schlafen möchte.

Sowohl Albrecht und Birgit wie auch Manuel und Maria suchen bereits zu einem frühen Zeitpunkt ihres Elternseins einen Weg zueinander. Sie werden bestimmt noch öfter ins alte Fahrwasser zurückgleiten, doch sie behalten das Ruder in der Hand, denn sie wissen schon, worauf es ankommt: auf regelmäßige Gespräche, klare Absprachen, eigenständige Aktionen beider Partner und Rückzug auf Liebesinseln jenseits der neuen Elternaufgabe.

Ob ein Paar in dieser Frühfamilienphase ein richtig gutes Team wird, hängt weitaus weniger davon ab, ob sie sich zuvor leidenschaftlich geliebt haben, ob sie sich schon lange kennen oder materiell gut abgesichert sind. Viel entscheidender ist, ob sie in den ersten Familienjahren miteinander im Gespräch bleiben und immer wieder um Lösungen ringen. Paare, die sich richtig reinhängen in diese ersten Absprachen und Entscheidungen, haben für die Schul- und Pubertätszeit der Kinder bereits die halbe Miete gezahlt!

Von Rückzug und Machtkämpfen

Wo dies nicht geschieht, entwickelt sich aus dem sprachlosen Nebeneinander häufig ein *verdeckter Machtkampf*.

Das Kind wächst heran, die Beziehung jedes einzelnen Elternteils zum Kind wächst ebenfalls, wenngleich oftmals unterschiedlich intensiv. Zunehmend fordert das Kind die Eltern heraus, zu ihm Stellung zu beziehen.

Sprechen sich die Eltern kaum ab, beginnt das Kind den Erziehungsstil jedes Elternteils zu testen. Mit seinen Handlungen fragt es – meist ohne Worte – nach: Darf ich bei Mama die Zeitung zerknüllen, den CD-Player anstellen? Darf ich bei Papa das auch? Komisch, wieso ist das für den einen schlimm, für den anderen unerheblich? Je weiter die Antworten der Eltern voneinander abweichen, desto häufiger wird sich das Kind vergewissern und die Eltern testen.

Was geschieht, wenn Eltern den verdeckten Machtkampf laufen lassen? Je nach Temperament und Kommunikationsstil der Eltern entwickelt sich aus dem verdeckten Machtkampf entweder ein offener Machtkampf (s. unten) oder weitaus häufiger eine *freundliche Übernahme und Rückzug*: Ein Partner über-nimmt alle Entscheidungen in der Familie, während sich der andere in den Beruf oder in Vereine zurückzieht.

wird zu

In Familien, in denen laute Wutausbrüche tabu sind und Har-monie zu einem hohem Preis aufrechterhalten wird, zieht sich ein Partner, meist der Vater, aus der Erziehung zurück. An der Stelle unterstützen sowohl persönliche wie gesellschaftliche Elternbilder diese Entwicklung.

Sie kennen sicherlich die gesellschaftsfähigen Argumente »Ich muss halt so viel arbeiten« und »Mein Arbeitgeber ver-langt von mir die Überstunden« – was aber oft innerfamiliär heißt: »Ich krieg zu Hause keinen Fuß mehr in die Tür. Meine Frau (selten: mein Mann) hat bereits alle wichtigen Entschei-dungen getroffen, wenn ich heimkomme. Eigentlich bin ich überflüssig.« So trägt nur mehr ein Elternteil die Verantwor-tung für die Erziehung – was im Falle einer Trennung auf die alleinige Sorge eines Elternteils hinausläuft.

Bei angriffslustigeren Paaren lässt sich so schnell keiner in die Flucht schlagen. Beide werden um eine gemeinsame Erzie-hung weiterkämpfen – im positiven Sinne bedeutet das ein ak-tives Ringen um Kooperation, im negativen heißt das *offener Machtkampf*.

wird zu

Hier streiten Eltern um das bessere Erziehungskonzept und je-der beansprucht für sich, Recht zu behalten. Manche Eltern verlagern diesen Streit auf Zeiten, in denen das Kind nicht anwesend ist. Jedoch ist es für das Kind gar nicht so wesentlich, ob es den Streit miterlebt oder nicht. Kinder spüren in jedem Fall, dass die Eltern konträrer Meinung sind, und sie werden je nach Aggressionspotenzial der Eltern mehr oder weniger vorsichtig testen, welche Regel jetzt stimmt. Hält der Machtkampf über Jahre an, wird er auch die Partnerschaft zerstören, und das führt zu *Verletzung und Ausstieg.*

wird zu

Vom bewussten Nebeneinander zum Miteinander

Jeder Partner muss erst für sich selbstsicher werden, bevor das Paar gut miteinander für das Kind sorgen kann.

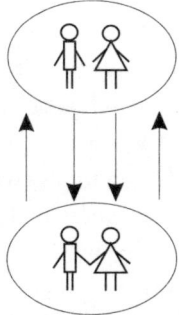

Wir brauchen erst Selbstsicherheit als Vater und als Mutter, bevor wir uns die Hände reichen können. Dazu müssen wir zwei Dinge lernen: den Umgang mit dem Kind und das Abgeben der Fürsorge. Vielleicht bringt ja auch der ein oder andere die Fähigkeit schon mit – Glückwunsch!!

Das Erste bedeutet, dass beide Eltern sich mutig an das Neugeborene heranwagen und für das kleine, hilflose Baby sorgen – so gut sie es eben können. Mit jedem Handgriff, den sie dazu lernen, werden sie sicherer und mit ihrem Kind vertrauter. Vielleicht erinnern Sie sich nochmals an den Geburtsvorbereitungskurs, wo fast alle, Frauen wie Männer gleichermaßen, vor den Windeln standen und an einer Babypuppe das Anlegen der Windeln ausprobierten. Inzwischen sind Sie – wahrscheinlich beide – hier längst Profis und keiner verliert auch nur mehr einen Gedanken daran.

Zum Zweiten müssen beide Eltern lernen, Verantwortung abzugeben. Das fällt vor allem Frauen oft nicht leicht. Was eine »gute Mutter« mit ihren Kindern tut, scheint viel klarer zu sein, als was ein »guter Vater« mit seinen Kindern macht. Frauen stehen viel häufiger unter einem Erfolgs- und Verantwortungsdruck. Vorstellungen wie »Wie könnte ich jemals meiner Mutter erzählen, dass mein Partner das Kind halb angezogen liegen ließ?« plagen Frauen viel stärker als Männer. Hinzu kommt, dass Frauen oft mehr über Kindererziehung wissen. Ob sie deshalb aber per se mehr erzieherisches Talent haben, wagen wir zu bezweifeln. Entscheidender ist, ob ein Paar sich gegenseitig zugesteht, im Umgang mit dem Baby auch Fehler zu machen. Dann werden beide an Selbstsicherheit gewinnen und als Eltern-Team miteinander wachsen.

Erzählen wir einander die selbstständig gewonnenen Erfahrungen, fängt das spannende Zusammenspiel an. *Kooperation* kann ganz unterschiedlich aussehen, wie Sie im zweiten Teil, den »Krisenklassikern der Kleinkindphase«, sehen werden. Zwei selbstsichere Eltern sind zunehmend in der Lage, sich bei der Pflege und später bei der Erziehung ihres Kindes über die Schultern schauen zu lassen. Dann können Erziehungsaufgaben auch Hand in Hand gehen. Der eine Partner wickelt das Baby, während der andere die Utensilien für den Ausflug zusammenpackt, und gemeinsam geht es ab ins Grüne.

Kooperation heißt aber nicht nur gemeinsam Aufgaben anpacken. Es kann bedeuten, dass Sie Omas Einladung am Telefon zunächst nur entgegennehmen und sich erst mit Ihrem Partner abstimmen, bevor Sie eine Zusage machen. Oder wenn Ihr Kind fingerfarbenverschmiert im Wohnzimmer erscheint, vergewissern Sie sich erst bei Ihrem Partner, was dort gelaufen ist, bevor Sie das Kind schimpfen oder lächelnd darüber hinwegsehen.

Wo Eltern Kooperation gelingt, handeln sie im Schulterschluss. Dieses Bündnis richtet sich nicht gegen das Kind, sondern bündelt *alle Kraft für das Kind* und letztlich für alle drei Familienmitglieder.

Für die Kooperation zwischen Eltern ist nicht nur wichtig, *dass* die Partner einander ihre Erfahrungen erzählen, sondern auch, *wie* sie dies tun. Oft sind es kleine abwertende Halbsätze oder halbherziges Zuhören, die eine zunächst gut gemeinte Unterhaltung zum Kippen bringen. Das passiert jedem, also kein Drama draus machen! Aber stellen Sie sich vor, die Absprachen und Gespräche gelingen leichter – wäre doch klasse, oder?

Aus eigener Erfahrung können wir berichten, dass uns die folgenden Gesprächsregeln weitergeholfen haben. Unsere Paar- und Elterngespräche verlaufen heute einvernehmlicher – nicht immer, aber immer öfter ... Diese zehn Gesprächsregeln können Ihre Kommunikation nachhaltig verbessern. In ihrer ursprünglichen Fassung gehen sie auf das so genannte EPL-Training* zurück.

Vielleicht kopieren Sie sich diese Regeln und heften sie an den Kühlschrank – eine Gedankenstütze, die Sie nicht nur in Ihrer Partnerschaft nutzen können. Sie helfen Ihnen ebenso bei beruflichen Besprechungen wie im Gespräch mit Freunden.

---

* EPL = Ein Partnerschaftliches Lernprogramm, vorgestellt in: Joachim Engl, Franz Thurmaier: *Wie redest du mit mir? Fehler und Möglichkeiten der Paarkommunikation*, Freiburg, 9. Aufl. 2002, S. 91 ff.

Wenn Sie sprechen ...

1. ... sprechen Sie von sich!
Ihre Meinung, Ihre Wünsche und Bedürfnisse sind wichtig! Kennzeichen dafür ist der *Ich-Gebrauch*. Alle Aussagen werden dadurch persönlicher. Äußerungen, die nur auf den anderen gerichtet sind (Du-Sätze), sind meist Vorwürfe oder Anklagen oder werden als solche verstanden. Sie sind oft Auslöser für Gegenangriffe oder Rechtfertigungen. Man- und Wir-Formulierungen schaffen Distanz und stören ebenfalls ein offenes Gespräch. Beispiele: »*Ich* bin verärgert ...«, »*Ich* wünsche mir ...«.

2. ... nehmen Sie Ihre eigenen Gefühle ernst!
Sind Sie gerade glücklich, traurig, wütend, neidisch, haben Sie Angst oder schämen Sie sich? Wenn jeder Partner seine Gefühle wahrnimmt und beschreibt, was in ihm vorgeht, ermöglicht dies ein offenes, wohltuendes Gespräch. Anklagen, Vorwürfe und Unterstellungen lassen sich vermeiden, wenn jeder seine Gefühle und Bedürfnisse direkt äußert.
Beispiel: »Ich hatte *Angst*, als unser Kind allein auf der Treppe stand.«

3. ... sprechen Sie konkrete Situationen an!
Je genauer Sie Ihr Anliegen formulieren, desto zielsicherer finden Sie eine Lösung. Verallgemeinerungen wie »immer« oder »nie« rufen Widerspruch hervor und lenken vom eigentlichen Inhalt ab. Je konkreter Sie eine Situation beschreiben, desto besser versteht Sie Ihr/e Partner/in.
Beispiel: »Als ich dich *gestern Nachmittag* aus der Arbeit anrief ...«

4. ... sprechen Sie konkretes Verhalten an!
Wenn Ihr/e Partner/in versteht, welches Verhalten von ihm/ihr Sie freut, ärgert, belastet etc., kann er oder sie gezielt reagieren. *Beschreiben* Sie das Verhalten, so vermeiden Sie Abwertungen, die dem anderen negative Eigenschaften unterstellen. Typische abwertende Äußerungen sind: »wieder typisch«, »völlig unfähig«, »absolut langweilig«. Wenn konkretes Verhalten benannt wird, werden die Aussagen für Sie beide leichter nachvollziehbar.
Beispiel: »Ich bin verunsichert, wenn du ohne *Abschiedsgruß* gehst.«

5. ... konzentrieren Sie sich auf das aktuelle Thema!
Benennen Sie das Thema klar und grenzen Sie es gegebenenfalls ein. Dann haben Sie gute Chancen, gemeinsam für ein Problem eine Lösung zu finden. Mit Rückgriffen auf die Vergangenheit läuft das Gespräch Gefahr, ins Endlose abzuleiten. Also, Blick in die Zukunft: Was soll verbessert werden?
Beispiel: Wie wollen wir in Zukunft die *Übergabe* regeln, wenn du aus deiner Arbeit kommst und ich zu einem Termin muss?

Wenn Sie zuhören ...

1. ... zeigen Sie das Ihrem Gegenüber!
Lassen Sie Ihr Gegenüber ausreden – ein guter Redner hört gut zu! *Aktives Zuhören* bedeutet, dass Sie mit Ihrem Partner/Ihrer Partnerin Blickkontakt halten und sich mit Ihrem Körper zuwenden. Durch unterstützende Gesten wie Nicken oder kurze Einwürfe wie »hm« unterstreichen Sie Ihr Interesse.
Beispiel:»Oh ja, ich verstehe ...«

2. ... fassen Sie das Gehörte zusammen!
Ihr Partner soll wissen, dass Sie ihn verstanden haben. Das erreichen Sie, indem Sie seine wesentlichen Äußerungen sinngemäß wiederholen. So gehen Sie sicher, dass Sie nicht aneinander vorbeireden. Auch verlangsamt das Zusammenfassen den Gedanken- und Gesprächsfluss, so dass keine Hetze entsteht.
Beispiel:»Du warst also unsicher, als ich ohne Verabschiedung davonrannte.«

3. ... fragen Sie offen nach!
Wenn Sie im Verlauf der Unterhaltung den Eindruck haben, dass Sie Ihr Gegenüber noch nicht vollständig verstanden haben, fragen Sie gezielt nach. *Offene Fragen* beginnen mit W-Fragewörtern (Wann, Wo, Wer, Wie etc.). Sie laden zum Erzählen ein und lassen unterschiedlichste Antworten zu. Im Gegensatz dazu engen geschlossene Fragen das Gegenüber ein. Geschlossene Fragen wie zum Beispiel »Hast du dich unsicher gefühlt?« bergen die Gefahr verdeckter Urteile oder Interpretationen in sich. Offene Fragen dagegen vertiefen das Gespräch.
Beispiel:»*Was* würdest du dir in solch einer Situation wünschen?«

4. ... geben Sie positive Rückmeldung!
Ein offenes Gespräch, in dem sich beide verstanden fühlen, kann für Sie ein »Geschenk des Alltags« werden. Geben Sie sich gegenseitig ein Zeichen der Anerkennung, wann immer es Ihnen gelingt, offen und verständlich miteinander zu reden – wenn zum Beispiel Ihr/e Partner/in offen einen Wunsch äußert oder erzählt, was ihn/sie gerade beschäftigt.
Beispielsweise könnten Sie antworten:»Super! Danke! Jetzt kann ich dich besser verstehen.«

5. ... zeigen Sie Ihre eigenen Gefühle!
Manchmal wird es Ihnen kaum möglich sein, mit Verständnis auf Ihr Gegenüber zu reagieren. Wenn seine/ihre Äußerungen Sie aufregen, meiden Sie indirekte und verallgemeinernde Aussagen wie »Aber das stimmt doch gar nicht!«. Stattdessen melden Sie als Zuhörer/in besser Ihre eigenen Gefühle direkt zurück:»Ich bin irritiert/wütend, dass du dies so siehst.« Genauso wichtig ist es, aufkommende positive Gefühle zurückzumelden: »Mich freut es, dass du das mit mir zusammen machen willst.«

»Ich sehe was, was du bald siehst«

Neugier auf Adler, Bär, Luchs und Maus

Manchmal tut es gut, wenn man eingefahrene Wege verlässt. In diesem Kapitel betreten wir ein bisschen Neuland. Wir wollen Ihren Elternblickwinkel erweitern. Wie Sie sich als Eltern über Erziehung Gedanken machen, sich um Ihre Kinder kümmern, mit ihnen spielen oder in ihre Gefühlswelt eintauchen, darüber haben wir ein Konzept* entwickelt, indem wir verschiedene Elternqualitäten vier Tieren zuordnen.

Der *Adler* sieht die Erziehung aus der Vogelperspektive: Er erhebt sich in die Lüfte, hat von oben den Überblick und betrachtet die Entwicklung von fern. Entscheidungen fällt er mit dem Kopf.

Der *Bär* handelt – er nimmt das Leben in die Hand. Er baut eine kuschelige Höhle und beschützt die Jungen darin. Wer aus der Bärenperspektive erzieht, kümmert und sorgt sich um die Kinder und führt sie so ins Leben.

Der *Luchs* ist ein Entdecker. Er ist neugierig, er nimmt die Witterung auf. Erziehung aus der Luchsperspektive lässt Kinder die Welt erforschen und kann viel Spaß und Abwechslung mit sich bringen.

---

* © Eva Tillmetz und Peter Themessl: Das Adler-Bär-Luchs-Maus-Konzept

Die *Maus* fühlt mit. Erziehung aus der Mausperspektive bedeutet mit den Kindern mitfühlen, sich in ihre Lage versetzen, ihre Freude und ihren Kummer teilen können.

Es gibt kein »Richtig« und kein »Falsch«, und wir werden uns hüten, die eine oder andere Sichtweise als besser oder schlechter zu werten. Jedes Tier hat seine Qualitäten und seine Schwächen. Es kann spannend sein, in sich die eine oder andere Qualität zu entdecken. Und nun viel Spaß mit den verschiedenen Perspektiven von Adler, Bär, Luchs und Maus.

Die Adlerperspektive:  *Denken*

Der Adler ist der König unter den Vögeln. Er steht für Weisheit, er gilt als wachsam, klug, und ihm wird weissagende Kraft zugesprochen.

Aus der Adlerperspektive betrachte ich die Lebenszusammenhänge in der Familie von weit oben. Ich erhebe mich über das Chaos im Alltag und kann aus dieser Distanz heraus Zusammenhänge erkennen, die im Getriebe des Alltags untergehen: Welche Ziele verfolgt der Vater, die Mutter? Von diesem bewussten Nebeneinander (vgl. vorangehendes Kapitel) ergibt sich die Frage für ein Miteinander: Welche Ziele verfolgen wir als Eltern, als Familie? Wohin soll sich das Kind entwickeln?

Das fängt bereits in den ersten Lebenstagen, ja bereits vor der Geburt des Kindes an. Soll es gestillt oder lieber mit Flasche gefüttert werden? Soll es bei uns im Schlafzimmer schlafen oder im eigenen Zimmer? Will ich es im Tuch tragen oder soll es im Kinderwagen liegen? Unzählige Entscheidungen, die wir im Alltag treffen, lassen sich zunächst aus der Adlerperspektive überdenken.

Wenn wir als Team unser Kind erziehen wollen, ist es wichtig, dass wir diese Überlegungen zuvor auch besprechen. Dazu gehören in den folgenden Jahren auch weitreichendere Entscheidungen: Welche Bezugspersonen soll unser Kind haben? Wird eine Tagesmutter oder Erzieherin engagiert?

Als Eltern machen wir uns viele Gedanken über die *Entwicklung* unseres Kindes. Auch hierbei nehmen wir die Adlerperspektive ein. Wir beobachten unser Kind, vergleichen es mit Altersgenossen, holen ärztlichen oder pädagogischen Rat ein. Wir informieren uns, wie wir als Eltern uns »richtig« verhalten, lesen Erziehungsratgeber und unterhalten uns mit anderen Eltern.

Wenn wir uns Gedanken machen, welche *Wertvorstellungen* wir unserem Kind nahe bringen wollen, befinden wir uns ebenfalls in der Adlersicht. Welche soziale Einstellungen wollen wir unserem Kind vermitteln? Soll es fürsorglich werden oder durchsetzungsfähig oder gar beides? Welche Bedeutung geben wir Ordnung, Pünktlichkeit, Benehmen?

Kinder lernen wesentlich durch unser Vorbild, nicht durch unsere Vorträge. Sie orientieren sich an unserem Verhalten, nicht an Erklärungen. Wenn wir unsere Vorbildfunktion ernst nehmen, müssen wir daher unseren eigenen Lebensstil überdenken. Wie gehen wir auf andere Menschen zu? Wie pflegen wir private oder berufliche Beziehungen? Wie viel Ordnung ist in meinem Leben wichtig? Wie gehen wir damit um, dass wir zwei unterschiedliche Ordnungsvorstellungen haben?

Wenn wir unser eigenes *Erziehungsverhalten* reflektieren, begeben wir uns wie ein Adler in die Lüfte. Wie zeige ich dem Kind, was es darf? Wie setze ich Grenzen? Wie zeige ich meinem Kind, dass ich es liebe? Was unternehme ich mit meinem Kind? Wie viel Zeit nehme ich mir für das Kind? Auch hier wird es wieder Unterschiede zwischen den Eltern geben. Das darf und soll es auch, denn dadurch hat das Kind die Chance, zwei Persönlichkeiten kennen zu lernen.

Als *Eltern-Team* nutzen wir unsere unterschiedlichen Stärken und betrachten sie miteinander aus der Adlerperspektive. So lernen wir miteinander, verbindliche Absprachen zu treffen und Regeln festzulegen. Dann gelingt es uns auch, die getroffenen Entscheidungen voreinander und vor dem Kind zu begründen. Wir legen fest, wer wann für welche Aufgaben Verantwortung trägt. Dadurch bleiben viel mehr Zeit und Energie für gemeinsame Erholung und Spaß.

Auch im *direkten Kontakt* mit unserem Kind nehmen wir regelmäßig die Adlerperspektive ein. Wir erklären ihm die Welt. Bereits mit Neugeborenen reden wir und beschreiben ihm Dinge und Vorgänge: »Schau, da kommt die Oma und sie hat für dich ein kleines Bärchen mitgebracht.« Solch beschreibende Erklärungen helfen dem Kind, die Welt zunehmend zu begreifen. Der Säugling versteht zwar noch nicht die Worte, nimmt aber am Tonfall, an der Mimik und Gestik der Mutter wahr, dass Oma eine dem Kind wohlgesonnene Person ist und dass sich die Mutter über das Mitgebrachte freut (oder auch nicht ...). Beschreibende Sprache strukturiert die Welt des Kindes.

Begegnen wir dem Kind aus der Adlerperspektive, laden wir es damit auch ein, selbst mitzufliegen. Sprich: Das *Kind lernt Lebenszusammenhänge* kennen. Es schärft seinen Blick und lernt Gedanken auszudrücken.

Als Adler-Eltern begründen wir unsere Entscheidungen und schulen damit die Entscheidungsfähigkeit des Kindes.

Wenn wir überlegen, *wie* wir als Eltern zusammenarbeiten wollen, nehmen wir ebenfalls die Adlerposition ein. Dann teilen wir einander unser Suchen mit. Das könnte beispielsweise so aussehen:

- Ich erzähle dir von meinen Erlebnissen mit unserem Kind und du mir von deinen.
- Wir erzählen uns gegenseitig von den Entwicklungsfortschritten des Kindes.
- Wenn ich mir noch nicht sicher bin, bilde ich mir meine Meinung im Gespräch mit dir. Ich frage dich, wie du es siehst (und meine nicht, deine Antwort bereits zu kennen).

- Ich überlege mit dir, ob mein/dein/unser Verhalten in der Situation günstig war.
- Ich gebe dir Feedback und du mir – wir lernen zunehmend, einander konstruktiv zu kritisieren.
- Ich treffe mit dir verbindliche Absprachen.
- Ich überlege mit dir, welche Konsequenzen unsere Erziehung für das Kind hat.

Die Bärenperspektive:  Sorgen

Wer schon einmal Bären beobachtet hat, weiß, wie sie sich um ihre Jungen kümmern und sie gegen alle Gefahren verteidigen. Der Bär steht für Kraft, wir sprechen davon, dass jemand Bärenkräfte besitzt. Sowohl der Bär als auch die Bärin werden in verschiedenen Kulturen als Gottheit verehrt.

Die Bärenperspektive steht für die *tätige Sorge* um unsere Kinder. Wir kümmern uns um ihr Wohl, wir versorgen sie mit allem, was sie zum Leben brauchen. Wir füttern und pflegen sie, wir richten ihnen eine Höhle, sprich: einen Wohnraum ein, in dem sie gefahrlos aufwachsen können. Die kinderfreundliche Umgebung gestaltet der »Bär in uns«.

Überall dort, wo wir *Verantwortung* für unser Kind übernehmen und fürsorglich handeln, begeben wir uns in die Bärenhaltung. Wir regeln den Tagesablauf, legen Aufsteh- und Bettgehzeiten fest, sorgen mit vorbereiteten Mahlzeiten für eine gesunde Ernährung. Wir sorgen uns um eine lückenlose Betreuung des kleinen Kindes.

Bären klären: Wann ist die Mutter zuständig, wann der Vater, wann andere Bezugspersonen wie Großeltern oder Erzieherinnen? Wenn wir unser Kind gemeinsam erziehen, treffen wir diese Entscheidungen miteinander und sorgen so für einen verlässlichen Rahmen, in dem unser Kind sicher aufwachsen kann.

In der Bärenperspektive beschützen wir unser Kind, wir *warnen es vor Gefahren*. Wir halten es von scharfen Gegenständen, heißen Herdplatten und Abgründen fern. Wenn wir »Vorsicht!« rufen, weiß unser Kind bald, dass es sich von einem potenziellen Unfallherd zurückziehen soll. In späteren Jahren führen wir unser Kind bewusst an die Gefahren des Lebens heran und zeigen ihm, wie es sich selbst schützen kann.

In diesem Zusammenhang steht auch unsere Aufgabe, dem Kind *Grenzen zu setzen*. Wir sprechen ein »Nein« an den Stellen aus, wo wir davon überzeugt sind, dass es noch nicht selbst die Tragweite seines Handelns überblicken kann. Angefangen von akuten Gefahren wie im Straßenverkehr oder krank machenden Keimen bis hin zu langfristig wirkenden Schäden, wie stundenlanges Saftfläschchen-Nuckeln oder endloses Fernsehschauen.

In der Bärenhaltung sorgen wir uns auch darum, dass unser Kind einen *selbstbewussten Umgang* mit anderen Menschen lernt. Wir zeigen ihm, wie man gut miteinander auskommt, wie man streitet und sich auch wieder versöhnt. Wir schützen es vor körperlicher und seelischer Gewalt und vermitteln ihm, dass es »nein« sagen darf, wenn jemand es lockt oder bedroht.

Wir zeigen unsere Bärenqualitäten, wenn wir unser Kind emotional auffangen, wenn es sich ängstigt, traurig oder enttäuscht ist. Dann darf es zu uns auf den Schoß kommen, wir legen die Arme um das Kleine und geben ihm damit *Halt*.

Eine Bärenmutter oder ein Bärenvater verteidigt nicht nur seine Kinder und opfert sich für sie auf, sondern sorgt zuallererst für ihr/sein eigenes Überleben. Denn nur so ist das Wohlergehen seines Nachwuchses gewährleistet. Das heißt auf uns übertragen, dass wir aus Liebe zu unserem Kind auf unsere eigene körperliche wie psychische Gesundheit schauen sollen. Dazu gehört auch die *Sorge um unsere Partnerschaft*, die die anstrengende Elternzeit nur dann überleben wird, wenn wir uns als Paar immer wieder Rückzugsräume schaffen.

Wenn wir festlegen, wie wir als Eltern gemeinsam unser Kind beschützen und versorgen wollen, handeln wir in der Bärenhaltung. Das könnte beispielsweise so aussehen:

- Ich sorge für unser Kind in der Zeit, in der du weg bist, und du kannst dich auf mich verlassen.
- Ich sorge für das Familieneinkommen und du für den Haushalt oder: Wir teilen uns Erwerbstätigkeit und Haushalt angemessen auf. Bei einem arbeitsteiligen Modell ist es jedoch günstig, zumindest eine kleine Aufgabe aus dem Bereich des anderen zu übernehmen, damit jeder die Sorgen und Anstrengungen des anderen verstehen und seine Arbeit wertschätzen kann.
- Ich setze mit dir die vereinbarten Regeln um, die für unser Kind gelten sollen. Wenn wir unterschiedlicher Meinung sind, suchen wir nach einem für beide verträglichen Kompromiss, und dann halten wir uns beide an unsere Absprachen.
- Ich spreche mich mit dir ab, bevor ich unserem Kind etwas erlaube oder verbiete. Wir handeln im Schulterschluss zum Wohle unseres Kindes.
- Wir stimmen uns ab, wie wir uns gegenüber Außenstehenden verhalten. Wer bringt das Kind in den Kindergarten und hält den Kontakt zur Erzieherin? Wer spricht mit der verärgerten Nachbarin? Wer bringt der Oma bei, dass das Kleine weniger Süßigkeiten bekommen soll?
- Ich buche ein Hotel fürs Wochenende und organisiere einen Babysitter. Und du packst die Koffer und dann gehören 36 Stunden nur uns beiden.

Die Luchsperspektive:  Entdecken

Der Luchs ist ein forschendes, aufmerksames Tier. Ihm entgeht nichts und er beobachtet sehr genau. »Er passt auf wie ein Luchs« ist ein geflügeltes Wort geworden. Das Aufpassen gilt in diesem Fall nicht den Kindern, die in der Schule aufmerksam sein sollen, sondern uns Erwachsenen, die die Luchsperspektive einnehmen und hellwach und mit allen Sinnen in die Welt der Kinder eintauchen.

Als Luchs tun wir das »auf Augenhöhe« der Kinder. Wir werden mit den Kindern die Welt erforschen. Ausflüge, Ferien, Naturbeobachtungen sind unsere Sache als Luchs. Wir werden mit großer Begeisterung Verstecken spielen, mit anderen als Räuber und Gendarm unterwegs sein oder uns niederknien, wenn ein Regenwurm über den Weg krabbelt.

In der Luchshaltung versetzen wir uns in die Neugier der Kinder hinein. Keine Frage ist zu schwierig, kein Pfad zu abwegig, keine Idee zu schräg, um sie nicht auszuprobieren.

Wer die Luchsseite in sich entdeckt, wird toller Partner beim *Spielen*. Luchse können wunderbar auf allen vieren durch die Wohnung krabbeln. Sie können mit den Kindern herumtoben und mit roten Backen eine Kissenschlacht machen, bis die Federn fliegen. Dadurch stärken Luchse das *Selbstvertrauen* der Kinder in deren eigene Fähigkeiten. Weil sie als »Große« die Spiele und Albernheiten der Kleinen mitmachen, ermutigt das Luchs-Vorbild und gibt Anerkennung.

Kinder, die von Luchsen lernen, entwickeln *Kreativität*. Sie gestalten und entscheiden mit. Luchs-Kinder sind in der Lage, Verantwortung für ihr eigenes Tun zu übernehmen. Sie lernen zu kooperieren: mit anderen umzugehen, sich abzustimmen. Kinder mit ausgeprägten Luchsseiten sind selbstbewusst: Sie können schon einen Pudding machen, versorgen das jüngere Geschwister oder sind stundenlang beim Spielen unterwegs.

Entdecken wir die Luchsseiten in uns, dann haben wir viel *Spaß* mit unseren Kindern, und die Kinder spüren die *Lebenslust* von uns Eltern. In diesen Familien wird es selten langweilig. Um den Spaß und die Lebensfreude der Luchse aufrechtzuerhalten, können wir als Eltern wie folgt zusammenarbeiten:

- Ich bin ein neugieriger Mensch und teile meine Erlebnisse der Familie mit.
- Ich gönne dir die Erlebnisse mit den Kindern.
- Ich werte deine Luchs-Erlebnisse nicht ab (»Spinnst du, das ist viel zu gefährlich!«), sondern traue dir zu, dass du bei aller Entdeckerfreude fürsorglich handelst.
- Was ich sehe, kann auch für andere interessant sein (»Komm schnell raus auf den Balkon, schau mal, der Vollmond ...«).
- Ich lasse mich auf deine Art ein, den Kindern die Welt zu zeigen. Ich bin neugierig, wie du sie die Umgebung spüren lässt und begreifbar machst. Dabei entdecke ich vielleicht neue Seiten an dir.
- Ich erweitere die tägliche Routine: Der Weg zu Krabbelgruppe oder zum Kinderarzt kann einmal durch einen Park gehen und auf dem Rückweg an einem Bäcker vorbeiführen.
- Wir ermuntern uns gegenseitig, mit den Kindern etwas zu unternehmen. Nicht immer müssen beide dabei sein. Oft kann einer leichter schalten und walten, wenn der Partner zu Hause bleibt.
- Den Haushalt erledige ich nicht nach Schema F, sondern mal mit Radio im Hintergrund oder einem Glas Wein in der Nähe.

Die Mausperspektive:  Fühlen

Die Maus ist wendig, aufmerksam, klein und schmiegt sich an. Sie kann Dinge auf große Entfernungen wittern. Sie fühlt und handelt aus dem Bauch heraus. Ihr Wesen schafft Vertrauen. Ihre Stärke sind die Gefühle.

In der Mausperspektive nehmen wir Eltern unsere eigenen *Gefühle* und die unserer Kinder wahr. Wir können aktiv zuhören und geben Feedback. Als Maus-Eltern können wir die Gefühle auch körperlich ausdrücken: liebkosen, wärmen, Zuneigung zeigen. Wir weinen, wenn wir traurig sind; wir schreien auf, wenn wir wütend sind. In der Maushaltung erspüren Eltern die Wünsche ihrer Umgebung und nehmen sie ernst.

Wir unterscheiden zwischen verschiedenen Gefühlen, die im Kontakt mit dem Partner oder den Kindern entstehen. Dazu vier Beispiele:

Als Eltern, die ihre Mausseite ausleben, können wir *Freude* empfinden, wenn

- wir uns vom Partner unterstützt fühlen;
- wir miteinander auf die Kinder schauen, die sich gut entwickeln;
- die Kinder glücklich spielen.

Freude gilt als ein positives Gefühl, das wir oft zu selbstverständlich nehmen, ein Gefühl, das im Zusammenhang mit Kindern und Familie von außen vorausgesetzt wird. Wir können unsere Freude umso intensiver erleben, wenn wir auch andere, so genannte negative Gefühle in unserem Erleben zulassen:

In der Mausperspektive sind wir als Eltern *traurig*, wenn

- ein Kind Kummer hat;
- wir uns verabschieden müssen: von Menschen oder Situationen, die wir lieb gewonnen haben.

Trauer ermöglicht der Seele, Abschiede zu bewältigen. Eltern-werden heißt Abschied nehmen von der Jugend – auch hier erleben wir traurige Gefühle neben der Freude auf das Baby.

Die Maushaltung lässt *Angst* zu:

- um unser Kind;
- wenn wir uns selbst bedroht fühlen;
- wenn eine Situation in uns Bedrohliches von früher wach-ruft.

Die Angst hat die Aufgabe, uns vor Gefahren zu schützen. Zur eigenen Vorsicht brauchen wir die Angst. Sie hilft uns zu überleben.

In der Mausperspektive erleben wir *Wut*, wenn

- uns etwas widerstrebt;
- das Kind endlos fordert;
- wir uns einer Situation nicht gewachsen fühlen.

Wut hat die Aufgabe, uns klar von anderen oder deren Verhalten abzugrenzen. Diese Abgrenzung ist wichtig, um unseren eigenen Standpunkt zu finden und die eigene Position zu vertreten. Je bewusster Eltern diese Maushaltung leben, desto leichter können sie in Konflikten handeln. Wer frühzeitig seine Wut wahrnimmt, kann entscheiden: Werde ich laut, verlasse ich den Raum oder versuche ich mich auf andere Weise abzureagieren?

Jedes Gefühl hilft uns, mit unserer Umgebung in Kontakt zu treten, uns selbst und andere intensiv wahrzunehmen. Manche psychologischen Schulen teilen die Gefühle in positive und negative Gefühle ein. Diese Einteilung versperrt leicht den Zugang zu all unseren Empfindungen. Viel hilfreicher ist es, die Vielzahl unterschiedlicher Gefühle bei sich zu entdecken und herauszufinden, wann welche Gefühle auftauchen und was ihr Auftauchen an dieser Stelle bedeutet. Neben den vier beschriebenen Gefühlen erleben wir beispielsweise Stolz, Neid, Hilflosigkeit, Enttäuschung, Verletzung, Liebe, Schmerz, Eifersucht, Ekel, Scham oder Lust.

Unser Kind kann von der Maushaltung lernen, eigene *Bedürfnisse* auszudrücken. Die Erziehung aus der Mausperspektive gesteht nämlich allen emotionales Erleben zu. Unser Kind darf seinen Eltern gegenüber Gefühle zeigen und weiß sich damit angenommen. Umgekehrt wächst auch die emotionale Bindung zum Kind in dem Maße, wie wir Erwachsenen uns Gefühle zugestehen.

Die Maushaltung erleichtert die Kooperation mit dem Partner:

- Ich spüre frühzeitig, wenn dich mein Verhalten verletzt, und du achtest auf meine Gefühle.
- Ich kann Fehler eingestehen – mir selbst oder dir gegenüber.
- Ich achte auf Unstimmigkeiten zwischen uns beiden und sage das auch.
- In der Maushaltung akzeptiert jeder, dass der andere mal gut, mal schlecht gelaunt ist.
- Ich kann in der Mausperspektive mit dir genießen. Ich lehne mich gerne an und lasse mich beschützen. Ich kann sehr zärtlich sein.
- Ich gewinne Souveränität, und zwar in dem Maße, wie du meine Gefühle respektierst.
- In der Maushaltung kann ich dem Kind Halt geben. Diese Nähe hält an, wenn die Paarbeziehung mal schwierig ist. Im Idealfall kann ich sauer auf dich sein, aber gleichzeitig akzeptieren, dass du mit den Kindern kuschelst.

Neugier auf neue Elternseiten

Jede der Haltungen Adler, Bär, Luchs und Maus bewältigt eine Vielzahl von Aufgaben. Mit diesen vier Sichtweisen zeigen Eltern ihrem Kind die Welt von verschiedenen Seiten. Die Vielfalt bereichert das Leben der Kinder wie das der Erwachsenen. Jede Perspektive für sich allein genommen hat aber auch ihre Schattenseite.

Wer als Eltern ausschließlich die *Adlerseite* entwickelt, wird von seinem Partner, aber auch von den Kindern als distanziert und unterkühlt erlebt. Wer in der Adlersicht bleibt, ohne Kontakt zu anderen Ebenen zu suchen, droht oder ermahnt, ohne Taten folgen zu lassen. Er entwirft Ideale und kritisiert fehlende Werte, bringt sich aber als Person wenig ein, so dass den Kindern das aktive Vorbild fehlt.

Wer ausschließlich die *Bärenseite* lebt, verteidigt die Höhle gegen alles und jeden. Er behütet die Kinder übermäßig und nimmt ihnen alle Arbeiten ab. Er räumt ihnen alle Schwierigkeiten aus dem Weg und lässt sie dadurch wenig eigene Erfahrungen machen. Im Extremfall sperrt er die Kinder vor lauter Sorge ein und bestraft sie für eigenmächtige Entscheidungen.

Wer die *Luchshaltung* nicht mehr verlässt und sich ausschließlich auf der Spielebene der Kinder bewegt, verliert die Gefahren aus dem Blick. Er übernimmt keine Verantwortung für die Kinder, sondern tollt genauso ungebunden und ziellos herum wie sie. Wenn es darum geht, Erziehungsmaßnahmen zu ergreifen oder Werte zu vermitteln, zieht er sich zurück.

Wer wie die *Maus* nur aus dem Bauch heraus lebt, wird von Gefühl zu Gefühl getrieben. Er empfindet mal überschwängliche Freude, mal panische Angst, mal überschäumende Wut oder nicht enden wollende Trauer. Er reagiert genauso emotional wie die Kinder, knallt Türen oder wirft sich heulend aufs Bett. Damit wird er selbst zum Spielball – sowohl der Kinder wie auch des Partners. Er lässt alles mit sich machen und vertritt nie konsequent seine Meinung.

In vielen Familien teilen sich Eltern die Erziehungshaltungen auf – das geschieht meist unbewusst und unbeabsichtigt. Klassisch wäre beispielsweise, dass der Vater die meiste Zeit des Tages fernab der Familie arbeitet, wohl aber seine Erziehungsvorstellungen mitteilt, also verstärkt die Adlerseite übernimmt. Am Wochenende, wenn er selbst einmal den Alltagsstress hinter sich lassen kann, spielt er leidenschaftlich mit den Kindern und verliert Raum und Zeit aus dem Blick. Er lebt nun seine Luchsseite. Im Gegenzug verlagert die Mutter all ihre Kraft auf die tätige Kindererziehung und managt nach Bärinnenart den Familienalltag. Wenn ihr an manchen Tagen alles zu viel wird, bricht sie vielleicht in Tränen aus oder wird plötzlich laut. Später tut es ihr Leid und sie liebkost die Kinder – ganz nach Art der Mäuse.

In einer solchen Familie lernen die Kinder, dass Väter von fern die Familie dirigieren, während Mütter sich für ihre Kinder aufopfern. Als Entspannung dient Vätern das ausgelassene Spielen, vielleicht auch Kämpfen, Mütter retten sich in die Gefühlswelt.

Einseitige Erziehungshaltungen verstärken sich in einer Partnerschaft mit den Jahren – wenn Eltern nicht bewusst dagegensteuern. Typisch sind folgende Entwicklungen:

- *die Adler-Maus-Aufteilung:* Je mehr der Vater die Werte und Normen festlegt, desto stärker betont die Mutter die Gefühlsseite und bindet die Kinder emotional an sich.
  (Der Vater legt zum Beispiel großen Wert auf Tischmanieren, die seine Frau aus Mitleid mit dem Kind aufweicht, sobald ihr Mann außer Haus ist.)
- *die Bär-Luchs-Aufteilung:* Je überbehütender die Mutter nach den Kindern sieht, desto mehr reizt es den Vater, ihnen richtige Abenteuer zu bieten.

(Die Mutter verriegelt beispielsweise alle Balkontüren und Fenster mit Sicherheitsschlössern, damit das Kind nicht herausstürzen kann – und der Vater zeigt dem Kind am geöffneten Fenster, wie wunderschön Federn und Seifenblasen fliegen können.)

Jeder von uns hat durch seine kindliche Prägung, sein Temperament und sein momentanes Umfeld bestimmte Elternqualitäten mehr entwickelt als andere. Möglicherweise haben Sie sich in einer der Haltungen ganz besonders wiedergefunden. Sind Sie mehr ein reflektierender Adler, ein beschützender Bär, ein verspielter Luchs oder eine einfühlsame Maus?

Ein besonderer Reiz liegt darin, im Laufe unserer Elternzeit die Seiten zu entwickeln, die uns zunächst fremd sind. Dann kommt es nicht zur Aufteilung, sondern *Eltern erweitern die eigenen Fähigkeiten.* Hier liegt die große Chance einer gemeinsamen Erziehung. Sie bereichern sich so um neue Erfahrungen.

Vielleicht merken Sie als Frau, dass Sie sich zunehmend zu einer sorgenden Bärin entwickeln und immer ernster und angestrengter werden. Hätten Sie da nicht mal Lust, Ihre spielerische Luchsseite kennen zu lernen? – Wetten, dass Ihr Partner in dem Maße mehr Verantwortung für das Kind übernimmt, wie Sie die leichte Seite des Elternseins ausleben? Die Wette gilt vor allem dann, wenn Sie sich zuvor besprechen und Sie Ihrem Partner Ihren Wunsch nach Luchs-Erlebnissen erzählen. Und Ihr Kind wird gespannt beobachten, wie Sie nicht nur ständig arbeiten, sondern auch so richtig lustig sein können.

Oder Sie sind als Mann durch Ihren Bruf gewohnt, Dinge rational zu betrachten, und lernen durch Ihre Kinder neue Gefühlswelten kennen. Vielleicht wollen Sie diese Gefühle zunächst einmal bei sich behalten. Wenn Sie später mit Ihrer Frau darüber reden, vertieft dies das Vertrauen zwischen Ihnen als Eltern, aber auch zwischen Ihnen als Paar. Last, but not least gewinnt auch Ihr Kind: wenn es beispielsweise hört, wie Sie zu

Ihrer Frau sagen, wie sehr Sie der Theaterauftritt Ihrer Tochter angerührt hat, wie stolz Sie auf Ihren Sohn sind, der beim Handballturnier zwei Tore geworfen hat.

Wir haben Typisches aus dem Alltag mit Kindern auf Spielkarten wiedergegeben. Am Ende des Buches finden Sie das *Eltern-ErfahrungsEntdeckSpiel*. Nehmen Sie sich etwas Zeit dafür. Sie erfahren dabei eine Menge über Ihr Miteinander als Eltern: aus dem Blickwinkel von Adler, Bär, Luchs und Maus. Mit Freunden gespielt, haben Sie im Nu eine lebhafte Diskussion über Werte, Erziehung und Erlebnisse im Gang. Sie werden sich gegenseitig anregen. Viel Spaß!

Krisenklassiker der Kleinkindphase

Nach den grundsätzlichen Überlegungen in den vorangegangenen Kapiteln wollen wir hier »Dauerbrenner« aus der Praxis vorstellen. Wir haben zusammengetragen, was alles an »Störfaktoren« auf die jungen Eltern zukommen kann. Dabei beschränken wir uns auf typische Krisenklassiker. Sie sind ohne Anspruch auf Vollständigkeit, basieren aber auf unseren eigenen 15-jährigen Erfahrungen mit Kindern sowie der Praxis von Paarberatung und Familientherapie. Die einzelnen Kapitel lassen sich prima einzeln lesen, denn sie sind in sich abgeschlossen. Suchen Sie sich das Thema aus, das Sie gerade beschäftigt oder Ihnen auf den Nägeln brennt.

Wir haben etliche Aspekte aus den vergangenen Kapiteln mit dem praktischen Bezug vernetzt. So werden in den folgenden Kapiteln Ihre Erfahrungen aus der Herkunftsfamilie und verschiedene Arten der Kooperation ebenso eine Rolle spielen wie die im Kapitel »Ich sehe was, was du bald siehst« vorgestellten Elternqualitäten. Darüber hinaus haben wir immer wieder auch gesellschaftliche Einflüsse genannt, die Ihre Erziehungshaltung beeinflussen.

Wir gehen dabei schrittweise vor: Wir stellen Situationen und Themen vor, die zum Problem werden können. Wir beschreiben, welche Fähigkeiten Sie als Eltern entwickeln müssen, wenn es ein Miteinander geben soll. Wir schlagen konkrete Lösungswege vor, wie anstrengende Situationen, selbst Stress und Streit Sie als Eltern weiterbringen. Schließlich bieten wir Ihnen Übungen und Anregungen an. Die Gesprächsregeln aus dem Kapitel »Gegeneinander – Nebeneinander – Miteinander« werden Ihnen eine gute Stütze sein.

Und nun viel Spaß mit den folgenden 15 Krisenklassikern!

Das Baby brüllt – was hat es nur?

Der Streit um das »richtige« Wohlbefinden

Wenn Sie diese Zeilen lesen, brüllt Ihr Kind wahrscheinlich gerade *nicht*. Das kann sich schnell ändern und dann heißt es meistens: schnell reagieren. Wenn Sie sich vorgenommen haben, Ihr Kind zu zweit zu erziehen, und Sie gerade beide zu Hause sind, werden Sie also eine Absprache treffen wollen, wer dann wie reagiert.

Nehmen wir einmal an, Ihr Kind meldet sich. Welche Bedürfnisse veranlassen es, über kurz oder lang zu schreien?

- Ihr Kind kann Hunger haben – der Ton wird schnell durchdringend, der Ermessensspielraum ist vergleichsweise klein.
- Es hat seine Windeln voll.
- Ihr Kind sucht Kontakt – und lässt sich durch Mutters oder Vaters Stimme in der Nähe vielleicht beruhigen.
- Es hat Schmerzen oder es wird krank.
- Ihr Kind ist müde und will schlafen.
- Oder aber es hat vielleicht zu viele Reize aufgenommen und kann gerade deswegen nicht schlafen.
- Sein Wach- und Schlafrhythmus verschiebt sich.
- Ihr Kind kann sich langweilen – das geht meistens leiser los, aber Hand aufs Herz, einer von Ihnen beiden springt dann schon auf, oder?

Manchmal kommt mehreres gleichzeitig zusammen, manchmal werden Sie unterschiedliche Bedürfnisse heraushören. Doch wer von Ihnen bestimmt nun, was das Kind braucht? Zunächst sollten Sie sich einigen, wer aufsteht und für diese Situation die Verantwortung übernimmt. Derjenige entscheidet dann, was Ihr Kind wirklich benötigt. Spätestens hier können völlig unterschiedliche Erfahrungen aufeinander prallen, wie folgendes Beispiel aus einem Seminar verdeutlicht:

> Claudia und Markus haben insofern Glück, als sie in den ersten Monaten beide viel Zeit mit ihrem Kind Andreas verbringen können. Wenn Andreas zu weinen beginnt, hat Claudia eine Schmerzgrenze von einer halben Minute, dann steht sie auf, guckt nach, beruhigt und nimmt Andreas vielleicht in den Arm. Markus würde erst nach etwa zwei Minuten reagieren. Das führt nach wenigen Wochen dazu, dass Claudia ständig aufsteht und Markus fast nie. Sie ist es bald leid: »Alles muss ich machen!« Der Gegenvorwurf von ihm kommt prompt: »Spring halt nicht gleich auf, ich mach das schon!« Claudia kommt viel besser klar, wenn sie allein mit Andreas ist, und Markus würde seine Partnerin ebenfalls manchmal am liebsten zur Haustür hinauswünschen. Die vermeintlich gemeinsame Idylle entpuppt sich als Falle, die an den Nerven von allen dreien zehrt.

Was ist hier passiert? Beide reagieren auf gesellschaftliche Einflüsse und greifen – meist unbewusst – auf Erfahrungen ihrer Herkunftsfamilien zurück.

Die *gesellschaftlichen Einflüsse* ändern sich, und zwar ziemlich rasch. Dazu gehören Sätze wie »Ein Kind muss schreien, das kräftigt die Lunge!« – das galt in den 60er-Jahren. Schon zehn Jahre später begann mit der antiautoritären Bewegung das Meinungspendel in die andere Richtung zu schwingen: »Eine gute Mutter lässt ihr Kind nicht schreien.« Die Rede vom »Mutterinstinkt« setzt auch heute noch junge Mütter unter Druck. Sie meinen, sie müssten automatisch wissen, was ihr Kind braucht, und fühlen sich zum Handeln angetrieben.

Auch wenn sie aufgrund ihrer bisherigen Lebenserfahrung wenig Ahnung im Umgang mit einem Baby haben und sich genauso unsicher fühlen wie ihr Partner. Umgekehrt lädt diese »biologische« Erklärung junge Väter ein, erst einmal Halt suchend nach ihrer Frau zu schauen – und ehe sie sich versehen, haben sie sich aus der gerade neu entstehenden Beziehung zum Kind herausdrängen lassen.

Markus und Claudia bringen auch ihre *eigenen Familienerfahrungen* in diese Situation hinein. Markus erzählt, dass seine Mutter mit ihren Kindern recht selbstsicher umgegangen ist, so dass Markus diese Sicherheit heute spürt: Er reagiert gelassen auf Schreisituationen. Claudia hat eine Mutter erlebt, die ihre Kinder lange schreien ließ. Das will Claudia bei ihren Kindern niemals wiederholen! Von diesem Unterschied wissen die beiden zunächst nichts. Denn als sie sich kennen lernten und zu zweit glücklich waren, hatten sie alles Mögliche im Kopf, nicht aber die Erziehungsstile ihrer Eltern. Jetzt, wenn Andreas quäkt, ist auch nicht die Zeit, eine theoretische Diskussion zu beginnen.

Immerhin: Schon nach wenigen Wochen lernen junge Eltern die verschiedenen Laute ihres Kindes auseinander zu halten. Sowohl Mütter wie auch Väter entwickeln ein Ohr für ihr Kind.

Doch damit ist der Streit um das »richtige« Wohlbefinden noch längst nicht beigelegt. Die beiden reagieren auch aus der Situation heraus angespannt und überempfindlich, zum Beispiel mitten in der Nacht, wenn sie unausgeschlafen sind, oder unsicher, weil die Beruhigungsversuche der letzten Stunde nicht gefruchtet haben.

Ebenfalls spielt eine Rolle, in welcher Umgebung das Baby schreit, ob das Gebrüll im Einkaufszentrum losgeht, ob einer sich unwohl fühlt und meint: »Die Leute gucken schon, wir müssen hier raus!«, ob die Schwiegermutter am Telefon ist oder vielleicht die Verwandtschaft sich zum Kuchennachmittag angesagt hat und sich die Beruhigungsversuche in Stresssituationen vervielfachen.

Doch selbst wenn wir die liebe Verwandtschaft aus dem Spiel lassen: Auch so hat das junge Elternpaar mitunter seine liebe Not, sich zu einigen. Ist in der Regel die Frau zu Hause, ist sie schnell der Profi und bekommt die Krise, wenn sie sein tapsiges Herumfuhrwerken mit den Windeln bloß sieht. Er kann und will mit ihr auf diesem Feld bald nicht mehr konkurrieren und zieht sich zurück. Das bringt ihm den Vorwurf ein, er reagiere zu lasch.

Irgendwo haben beide Recht; und wehe dem »unparteiischen« Freund, der nicht nur zuhört, sondern einem der überforderten Elternteile Recht gibt. Er ist nicht mehr lange Freund der beiden.

In dieser Situation geht es aber nicht um Recht haben oder Recht behalten. Beide Partner vertreten lediglich verschiedene Bedürfnisse und Interessen.

Verschärft sich die Situation, so wie bei Markus und Claudia, entwickelt sich aus dem ursprünglich geplanten Miteinander früher oder später ein *Gegeneinander*. Das mangelnde Zutrauen in die Fähigkeiten des anderen und die abnehmende Unterstützung des anderen führen zu einem Machtkampf. Der kann verdeckt geführt werden. Entweder konkurrieren beide um die Gunst des Kindes oder einer zieht sich stillschweigend, aber verärgert zurück. Beim offenen Machtkampf kommt es zu Anschuldigungen: Die Partner werfen sich gegenseitig ihr Unvermögen vor.

Wie kommen die beiden einander näher? Nehmen wir die traditionelle Form des Erziehens, das neutrale *Nebeneinander*. Die Arbeitsteilung funktioniert, aber ohne ausdrückliche Absprache oder ohne sie zu hinterfragen. Sie übernimmt weitgehend die Kindererziehung. Er ist der Haupternährer und kehrt erst abends heim. Jeder lässt den anderen mit dem Kind gewähren, solange er oder sie nicht da ist.

Ein weiterer Schritt aufeinander zu ist dann gefunden, wenn die Eltern sich absprechen, dass in bestimmten Situationen der eine oder die andere den Vortritt bekommt:

Einmal schreit Andreas schrill, weil er Schmerzen hat. Mutter Claudia ist in medizinischen Dingen erfahrener. Daher übernimmt sie Trost und Heilung.
Ein andermal ist Andreas abends überdreht und auch Claudia gerät mit den Nerven an ihre Grenzen. Vater Markus übernimmt die Führung, beruhigt das Kind und entspannt die Situation.

Noch handeln die Eltern in beiden Fällen ad hoc aus der Situation heraus. Vielleicht entwickelt sich hieraus ein schöner Einschlafritus mit dem Papa, so dass Claudia einmal durchschnaufen kann.

Für ein weiter reichendes *Miteinander* helfen klare Absprachen oder Zuständigkeiten. Das Miteinander wird bei einem weinenden Kind kaum so aussehen, dass beide Partner um das Kind herumtanzen. Auch hier wird jeweils eine Person zuständig sein. Doch handeln jetzt die Eltern so, dass der, der sich ums Kind kümmert, sich vom anderen akzeptiert und unterstützt weiß. Der eine Partner traut dem anderen zu, dass dieser die Situation selbstständig meistert. Der andere ist selbstsicher genug, um auch um Hilfe zu fragen, wenn ihm die Situation doch einmal über den Kopf wächst.

Die ungewohnte Verantwortung für das kleine, noch so zerbrechlich wirkende Kind macht es nicht einfach, einander Vertrauen zu schenken. Damit das halbwegs reibungslos klappt, helfen einige Abmachungen:

- Wenn Sie merken, dass einer von Ihnen immer zuerst aufspringt, verabreden Sie, wer zu welchen Zeiten fürs Baby zuständig sein soll.
- Setzen Sie sich an einem Abend gemeinsam zusammen und beratschlagen Sie, wer an welchen Abenden auf dem Sofa sitzen bleiben darf. Für solche grundsätzlichen Absprachen bedarf es eines ruhigen Rahmens, damit Sie mit Adlerblick Ihr gewünschtes Ziel, das Miteinander, ins Visier nehmen können.
- Erzählen Sie einander, was Sie bereits über Ihr Kind herausgefunden haben, welches Weinen für Sie wie klingt, welche Methoden Sie inzwischen kennen, um das Kleine zu beruhigen. Das wird sich in den kommenden Monaten noch etliche Male verändern. Mit dieser neugierigen Luchshaltung werden Sie einander noch viel zu berichten haben!

- Begeben Sie sich außer Hörweite, wenn Sie nicht für das Kind zu sorgen haben, damit Sie nicht im Flur auf- und abtigern, wenn unverständliche Laute oder Weinen aus dem Kinderzimmer an Ihr Ohr dringen. Sonst wird nur die Bärin oder der Bär in Ihnen wach und animiert Sie zum Eingreifen.

- Nutzen Sie die Stunden, in denen Ihr Partner sich um das Kind kümmert, für Erholsames: ein entspannendes Bad, ein Anruf oder Besuch bei Freunden. Ihr Kind wird Sie eines Tages sehr dafür schätzen, dass Sie als Erwachsene/r auch gut für sich selber gesorgt haben.

- Geben Sie einander Zeit, um Ihren persönlichen Beziehungsstil mit Ihrem Kind zu entwickeln. Wenn Ihr Kind weint, weil es Ihre Nähe sucht, findet jeder von Ihnen seine eigene Art, es zu beruhigen. Kinder lernen sehr schnell, mit unterschiedlichen Reaktionsweisen umzugehen. Auch später wird Ihr Kind bei bestimmten Themen zu Mama, bei anderen zu Papa laufen, wenn beide sein Vertrauen genießen.

- Auch der Austausch mit anderen Eltern in einer Spielgruppe kann befreiend wirken: Nicht nur Ihr Kind brüllt, nicht nur Ihnen fällt manchmal die Decke auf den Kopf.

- Vereinbaren Sie eine Zeit, in der Sie miteinander zum Reden kommen. Sollte das nicht jedes Mal klappen (etwa weil das Kind wieder unruhig wird), dann hilft vielleicht ein großer Zettel am Küchenschrank, auf den jeder das notiert, was ihn gerade nervt und das er später ansprechen will.

- Überlegen Sie miteinander, wie Sie für sich Entspannungsinseln schaffen, denn Kinder reagieren stark auf Ihre Stimmung. Je gereizter die Atmosphäre, desto mehr brüllt das Kind. Nutzen Sie also günstige Einflüsse! Das kann ein Spaziergang sein, bei dem der Nachwuchs bald einschläft. Das können einige freie Stunden sein, die Ihnen vielleicht die Großeltern oder ein Babysitter verschaffen.

Lernen Sie mehr voneinander

Auch wenn die erste Zeit mit dem Säugling anstrengend ist: Nehmen Sie sich beide eine halbe Stunde und beantworten Sie die folgenden Fragen – zunächst einmal für sich allein. Setzen Sie sich dann mit Ihrem Partner/Ihrer Partnerin zusammen und tauschen Sie sich aus.

- Welche Gefühle löst ein schreiendes Kind bei Ihnen aus?
- Welche Gefühle, glauben Sie, löst ein schreiendes Kind bei Ihrem Partner/Ihrer Partnerin aus?
- Wie hat Ihre Mutter auf ein schreiendes Kind reagiert – und wie Ihr Vater?
- Was machen Sie derzeit, wenn das Baby brüllt?
- Was würden Sie am liebsten tun?
- Was wünschen Sie sich in dieser Situation von Ihrem Partner/Ihrer Partnerin?
- Wie wollen Sie sich in Zukunft verständigen, wenn das Baby weint?

Alles dreht sich nur ums Kind

Die Welt jenseits von Windeln und Schnuller

Die Geburt des ersten Kindes führt Sie in zwei Erlebniswelten: die Welt »draußen« und die Welt innerhalb der neuen Familie. Bislang haben Sie auf der Paarebene Ihr Leben und das Ihres Partners abstimmen müssen. Jetzt eröffnen Sie daneben die Elternebene: Sie haben ein neues Zentrum in der Familie. Der neue Erdenbürger fordert mit der ganzen (Lungen-)Kraft sein Überlebensrecht ein. Und Sie reagieren. Sie wundern sich, wie wenig Zeit Ihnen in dieser neuen Welt bleibt. Die glänzende Vorstellung, sich gemeinsam und harmonisch um ein Neugeborenes zu kümmern, bekommt im Alltag gewaltige Kratzer, wie unser Beispiel zeigt:

Sven und Helga sind seit fünf Jahren ein Paar und seit acht Monaten Eltern. Genug Zeit, um die wichtigen Handgriffe routiniert zu erledigen. Aber auch viel Zeit, in der ihre Partnerschaft unbewusst brachliegt. Das merken die beiden an Kleinigkeiten. Helga wächst zu Hause zum Profi für Haushalt und Kind heran. Ihre Erfolgserlebnisse sind im Wesentlichen auf die eigenen vier Wände beschränkt: Ihr Kind hebt den Kopf, gluckst vergnügt, wenn es satt ist. Einen regelmäßigen Ansprechpartner, dem sie ihre Erfahrungen mitteilen kann, hat sie tagsüber nicht.
Sven kommt abends nach Hause. Seit sein Einkommen für drei reichen muss, hängt er sich umso mehr in den Job rein. Mit Über-

stunden macht er sich unentbehrlich und sichert seine berufliche Stellung ab. Seine Welt liegt jenseits von Windeln und Schnuller, doch die holt ihn mit Macht ein, wenn er heimkommt. Helga überhäuft ihn mit Windel-Nachrichten und berichtet von Kinds-Fortschritten, kaum dass Sven zur Tür hereinkommt. Der Vorsatz, sich fifty-fifty um das Kind zu kümmern, rutscht in eine Schieflage. Sven möchte erst mal in Ruhe zu Hause ankommen, bekommt aber gleich zehn Kilogramm Nachwuchs in den Arm gedrückt, damit Helga endlich zu dem kommt, was sie seit zwei Tagen angefangen, immer wieder unterbrochen und liegen gelassen hat ...

Mehrere Aspekte kommen hier zusammen: Sven folgt den Einflüssen aus *Gesellschaft* und seiner *Herkunftsfamilie*: Ein Mann hat die Familie zu ernähren. Er fühlt sich für sie verantwortlich.

Sven kann, solange er arbeitet, seine Familie aus der *Adlerperspektive* betrachten. Es gibt noch eine Welt jenseits von Windeln und Schnuller, nämlich seinen Arbeitsalltag. Kommt er nach Hause, ringen verschiedene Perspektiven miteinander. Die Wohnung ist die Höhle, das Nest, das Rückzugsgebiet, das seine Frau Helga nach Kräften einrichtet und verteidigt: typische *Bären-Arbeit*. Sven faltet die Adler-Schwingen ein, schüttelt noch kurz sein Gefieder und nimmt den Nachwuchs aus der Wiege. Wenn er sein Kind jetzt knuddelt, es vielleicht hochhebt oder ihm erste Spielzeuge zeigt, lebt der *Luchs* in ihm auf. Spielen, kuscheln, herumalbern, das lenkt ihn jetzt vom Arbeitsalltag ab, und er hat nicht den Ballast von acht Stunden wenig befriedigendem Haushalt hinter sich.

Helga hat sich in ihrer Rolle zunächst eingerichtet: Erziehung war in ihrer Familie Frauensache. Sie kümmert sich um Kind, Küche und Einkäufe und behält den Überblick. Aber die Gelegenheit, sich bildlich in die Lüfte zu erheben und ihre Situation aus der Adlerperspektive zu betrachten, nimmt sie selten wahr. Trifft sie sich mit Müttern in der Babygruppe, drehen sich die Gespräche wieder um Ernährung, Durchschlafen und

Entwicklungsfortschritte. Kommen die Großeltern zu Besuch, steht wieder das Baby im Mittelpunkt. Tauchen alte Freunde bei ihnen auf, erzählt Helga meist auch wieder nur von ihrem Leben mit dem Kleinen. Manchmal ärgert sie sich selber im Nachhinein, denn mit den Freunden hätte sie wirklich einmal andere Themen besprechen können. Bei einigen kinderlosen Freunden merkt sie schon, dass deren Interesse nachlässt. Längst möchte sie ihren Horizont wieder erweitern, doch wenn sie am Abend mit Sven zusammensitzt, reden sie wieder nur übers Kind.

Langsam und noch unausgesprochen wird Helga und Sven bewusst, dass ihr Blick sich nur mehr auf ihr Kind richtet, mal mit Stolz, mal mit Ärger. Dabei hatten sie doch beide so viele gemeinsame Interessen, die sie verbanden. Wo sind sie nur hin?

Was wäre, wenn sie sich dazu aufraffen könnten, ihre Welt aus *Adlershöhen* zu betrachten? Wenn Helga sich beispielsweise mal einen Tag mit einer Freundin zu einer Bergtour verabreden würde? Oder wie würde wohl ein Tag verlaufen, wenn Sven sie einen ganzen Tag in ihre Lieblingstherme entführen würde? Ob ihnen dort andere Themen in den Sinn kämen? Andere Gefühle als das permanente Verantwortlichsein?

Noch leiden beide unter der ungleichen Verteilung, den getrennten Welten, sind enttäuscht, dass aus ihrer schönen Paarbeziehung eine angekratzte, mitunter triste Elternbeziehung geworden ist. Das vermeintliche Eingesperrtsein in der Welt von Windeln und Schnullern lässt beide früher oder später wütend werden. Wenn Helga und Sven Konflikte nicht scheuen, werden sie sich im Streit auch unschöne Dinge an den Kopf werfen. »Harmonische« Partner neigen eher dazu, den Frust runterzuschlucken. Aus dem *sprachlosen Nebeneinander* ist dann ein *offenes* oder *verdecktes Gegeneinander* geworden.

Gelingt es beiden, aufkeimende Unzufriedenheit zu artikulieren, ohne dem anderen an der veränderten Situation die Schuld zu geben, ist schon viel gewonnen. Wenn sich beide in die *Mausperspektive* begeben und ihre gemischten Gefühle bewusst wahrnehmen, können sie sie *miteinander* ansprechen. Die Annahme, ein guter Partner könne Gedanken und Gefühle vom anderen ablesen, zählt zu den großen Irrtümern, denen manche Paare erliegen. Mimik und Gesten werden schnell missverstanden: Schweigt der eine (und ist vielleicht zufrieden damit), deutet das der andere als stummen Vorwurf. Die Wut über enttäuschtes Nebeneinander kann auch Kräfte freisetzen. Die Wut hilft uns, zunächst den eigenen Standpunkt zu finden und uns abzugrenzen. In der Folge können Eltern in der *Maushaltung* in Konflikten leichter handeln.

Paare, die über einen langen Zeitraum hinweg gut miteinander auskommen, tauschen sich regelmäßig aus. Sie erfahren frühzeitig von wachsender Enttäuschung des anderen und können gegensteuern. Umgekehrt können sie auch Freude und Zufriedenheit ausdrücken. Dadurch entwickeln sie eine neue Qualität ihrer Beziehung: Sie lassen sich nicht vom fordernden Kind überfordern, sondern schaffen es, kleine Freiräume für sich freizuhalten. Gerade in der frühen Familienphase ist das wichtig.

Um in der Welt von Windeln und Schnullern etwas Überblick zu bekommen und zu zweit einen Weg miteinander zu finden, kann es helfen, eingefahrene Wege erst einmal zu verlassen. Dazu kommen wir noch einmal auf die verschiedenen Perspektiven von Adler, Bär, Luchs und Maus zurück.

● Angenommen, Sie als Vater vertreten bislang die *Adlerperspektive*: Sie können das Familienleben von außen betrachten und tauchen als spontaner Spielkamerad ab und zu als *Luchs* auf. Wie wäre es, wenn Sie sich an der Gestaltung der »Familienhöhle« beteiligen und manche Aufgaben übernehmen würden, die das Miteinander *bärig* kuschelig machen? Sie machen Ihrer Frau damit eine Riesenfreude!

- Wenn Sie als Frau in der Wohnung für Kind und Küche zuständig sind und das mit *Bären-Kräften* bewältigen: Vielleicht probieren Sie einmal ein paar Schritte als *Luchs* oder einige Flügelschläge als *Adler*? Etwa indem Sie den nächsten Ausflug planen, und zwar mit *Adler-Abstand*. Suchen Sie ein Ziel aus, wo Sie alle drei Neues entdecken können, und planen Sie es mit der Distanz und dem Überblick eines Adlers, der auch den Partner mit einspannt – damit nicht (wieder!) nur Sie alles herrichten müssen – und der keinen Stress aufkommen lässt. Sehen Sie Ihre Schnuller- und Windelwelt aus einer anderen Perspektive!
- Auch wenn es in den turbulenten ersten Zeit nicht danach aussieht: Es wird wieder besser. Ihr Kind bleibt nicht so abhängig von Ihnen: Machen Sie sich ab und zu bewusst, dass Sie mit jedem Schritt, durch den Sie Ihr Kind selbstständig sein lassen, auch eigene Freiräume wiedergewinnen. Sind Sie in einer Babygruppe mit unterschiedlich alten Kindern, sehen Sie, wie Ihr Kind sich bereits in wenigen Monaten weiterentwickelt haben wird.
- Gestehen Sie sich gegenseitig Ärger und Wut zu! Wenn Sie solche Gefühle unterdrücken, rächt sich das irgendwann. Sprechen Sie dagegen Meinungsverschiedenheiten offen an, können Sie beide daran reifen. Mitunter reicht es, die andere Ansicht zu akzeptieren. Manchmal ist es ein mühsamer Weg, zueinander zu finden, gleichzeitig aber ein sicherer, um beieinander zu bleiben.
- Gönnen Sie sich gegenseitig kleine Fluchten. Suchen Sie sich Räume oder Phasen, in denen der Partner nichts zu suchen hat: Wenn Ihre Wohnung nicht groß genug für einen »Rückzugsraum« ist, reicht schon ein mit Vorhang abgetrenntes Sofa. Oder Sie erhalten ein Hobby für sich lebendig, auch wenn der Partner dieses Hobby nicht teilt.

Notfallkoffer für gestresste Eltern

Es gibt Tage, da brauchen selbst Eltern mit stählernen Nerven eine Auszeit. Nur ein paar Stunden für sich allein oder auch zu zweit. Einfach entspannen – oder aber sich so richtig körperlich auspowern, um die eigenen Kräfte wieder zu spüren. Wenn Ihnen vor lauter Dauerstress keine eigenen Ideen mehr einfallen – hier können Sie sich inspirieren lassen.

A lte Freunde besuchen

B adewanne mit Duftöl und Kerzen

C afé ansteuern

D isko – einmal wieder richtig abtanzen!

E -Mail an verlässliche Freunde: »Wer hat Lust auf ... – ruf an!«

F ahrrad fahren oder fernsehen

G eh früh ins Bett und bitte den Partner um Babydienst!

H eimwerken im Hobbyraum

I nlineskaten

K inoabend

L ieblings-CD hören – Augen zu und abschalten

M otorrad anwerfen oder eine nächtliche Mondwanderung

N achbarin das Babyfon vorbeibringen

O ma mobilisieren

P artnermassage mit Lieblingsöl

Q uelle neuer Kraft: Quatsch machen und kuscheln

R aus aus der Wohnung!

S paziergang oder Stadtbummel

T asse Tee auf der Terrasse
U rlaub vom Alltag: Übernachtung im Hotel zu zweit
V iel Spaß mit einem guten Buch!
Wellnesstag im eigenen Bad
Z igarette oder Zucker – beides ungesund, doch manchmal ein Genuss

Danach sehen Sie wieder die leuchtenden Kinderaugen oder verkraften das weinende Baby – und die nächste Auszeit kommt bestimmt!

Diese kleinen Fluchten gelten auch für andere Bereiche: den Haushalt zum Beispiel. Sie werden Ihr Zusammenleben zu dritt ganz anders aufeinander abstimmen müssen, als Sie es bisher gewohnt waren. – Von den kleinen und größeren Katastrophen im Alltag handelt das nächste Kapitel.

Zahnpasta, Unterhosen und andere Katastrophen

Haushaltsführung im neuen Familienbetrieb

Stellen Sie sich vor, Sie gründen einen Betrieb. Dann haben Sie lange vorher überlegt und gerechnet. Sie haben Chancen dafür entdeckt, suchen fähige Mitarbeiter und hoffen, Ihr Produkt gut zu verkaufen. Auch einer Familie täte diese Organisationsplanung gut. Sie kommt nur meistens zu kurz:

Jolanda und Josef wohnen seit drei Jahren zusammen. Den Haushalt hatten sich beide aufgeteilt, und das funktionierte. Seit einem halben Jahr sind sie zu dritt, und seit ihr Kind da ist, funktioniert anscheinend gar nichts mehr.

Jolanda stößt auf Hindernisse, die sie gar nicht kannte: Der Windeleimer quellt regelmäßig über, Batterien von Gläschen mit Babynahrung blockieren die Küche. Mit dem Waschen kommt Jolanda erst recht nicht nach, obwohl sie überhaupt nicht mehr schick herumläuft, sondern meist schlabbrige T-Shirts trägt.

Josef wundert sich. Er geht öfter und früher aus dem Haus, und mitunter ist er ganz froh, dass er im Büro seine Ruhe hat. Wenn er abends heimkommt, ist er abgespannt und hätte gern etwas Erholung, aber der Weg bis zum Sofa gleicht einem Hindernislauf. Auf dem Boden liegt ein angerissenes Windelpaket, die Einkäufe stehen halb ausgepackt in der Küche und die Babydecke liegt ausgebreitet im Zentrum der Wohnung.

Selbst eine stabile Beziehung muss sich auf diesen Wechsel gut einstellen. Anfangs mögen Verständnis und viel guter Wille das Ausufern des Haushalts noch glätten. Schließlich steht sie ja nachts auf, damit er fit bleibt für den Job, von dem alle drei leben. Er ist gerne bereit mit anzupacken – aber nach einigen Monaten wird der berufstätige Partner anzüglich: Muss das denn soo ausschauen? Sie ist doch den ganzen Tag zu Hause?! Der Familienbetrieb ist als solcher noch nicht eingeführt, im Gegenteil. Zwei völlig verschiedene Unternehmen treffen aufeinander. Als Jolanda und Josef zu zweit lebten, spürte dies keiner. Während der Schwangerschaft und den ersten Wochen hatten sie anderes zu tun, als den Haushalt zum Topthema zu machen.

Wenn die erste Aufregung um das Kind nachlässt, merken die Eltern deutlich: Die Arbeit im Haushalt wird mehr, und sie wird oft nur noch von einem erledigt. Außerdem gehen die Erwartungen an den Haushalt auseinander. Nur: Das wird an keiner Schule gelehrt! Hauswirtschaftsschulen bringen vielleicht das effiziente Management des Haushalts bei, aber kaum, wie die Partner im neuen Familienbetrieb zurechtkommen.

Auch fortschrittliche Paare können hier in eine Falle geraten. Wie selbstverständlich scheint ein Familienhaushalt alte, traditionelle Rollen wiederzubeleben. Der Partner, der zu Hause bleibt, kann sich sein berufliches Weiterkommen zunächst an den Hut stecken. Dafür kämpft er an Fronten, die sich von Anforderungen im Job gewaltig unterscheiden.

Während an der Arbeitsstelle das meiste geplant oder vorhersehbar ist, muss ein Elternteil zu Hause jetzt als Zeitarbeiter auf Zuruf arbeiten. Wenn sich das Kind meldet, fällt es schwer, noch den Flur fertig zu wischen oder das Wohnzimmerregal umzuräumen. Das Beruhigen des Kindes hat Vorrang, egal, ob es brüllend an den Nerven zehrt oder mit glucksendem Lachen die Eltern bezirzt.

Es kostet besondere Anstrengung, das Kind einmal liegen zu lassen und die angefangene Arbeit zu beenden. Allerdings gewinnen Eltern durch diese Herausforderung auch ungeahnte Fähigkeiten hinzu. Es ist eine große Leistung, täglich monotone Phasen mit dem Kind gleichmütig zu bewältigen und dann bei Bedarf aus dem Leerlauf auf Hochtouren zu schalten.

Gegenüber der kinderfreien Wohnung macht sich häufig schleichende Verwahrlosung breit. Wer von außen kommt, empfindet dies stärker als derjenige, der zwischen Haushalt und Kind balanciert. Wenn der Partner aus Zeitgründen nicht mehr an der Hausarbeit beteiligt ist, versteht er möglicherweise nicht, warum der Haushalt auf einmal so ein Aufwand ist. Dass es nicht mehr zwei Mahlzeiten am Tag gibt, sondern mindestens fünf – mit entsprechenden Gebrauchsspuren. Er sieht nicht, dass ein Vielfaches an Wäsche anfällt. Durchschnittlich verbringt ein deutscher Mann täglich drei Minuten mit Wäschewaschen, eine deutsche Frau dagegen fast eine Dreiviertelstunde.* Er versteht nicht, dass Kinder im Krabbelalter überall Fingerabdrücke hinterlassen, die es sich nicht jedes Mal wegzuputzen lohnt.

Hier gilt es, neue *Vereinbarungen* zu treffen:

Wer braucht wann Ordnung? Ist es der Eingangsbereich, der einladend aussehen soll, oder das Schlafzimmer, das Rückzugsgebiet bleibt? Vielleicht wünschen Sie sich auch nur einen Schreibtisch, auf dem Ordnung herrscht. Vielleicht ist er durch einen Vorhang abgetrennt? Und klären Sie gleich mit, wer für welche Ecke zuständig ist!

Wie groß ist Ihr Wunsch nach einem gepflegten Ambiente, nach besonderen Speisen, strahlend weißer und sauber gebügelter Wäsche? Wer wünscht das – Sie selbst, Ihr Partner oder

---

* Bundesministerium für Familie, Senioren, Frauen und Jugend: *Die Familie im Spiegel der amtlichen Statistik*, Berlin 2003, S. 131

die Kinder? Vielleicht konkurrieren Ihre Kompetenzen: Beim Breizubereiten dringt *er* womöglich in *ihre* Küchenordnung ein, *sie* benutzt *seinen* Hobbykeller als Stauraum für Säuglingswäsche. Die alten Küche-Keller-Klo-Absprachen aus WG-Zeiten kehren in neuer Form zurück!

Noch räumen Sie für Ihr eigenes Ordnungsempfinden hinterher. Ihr Baby interessiert noch nicht, was Ordnung ist. Aber die Eltern können jetzt mit Vorbildern die Grundlage legen: für Ordnung, Tischmanieren, Rückzugsräume, Mithilfe im Haushalt. Das sind Dinge, die Sie nicht streng erziehen müssen. Wenn es Ihnen zunehmend gelingt, Routine mit einer gewissen Leichtigkeit vorzuleben, erfahren die Kinder etwas, das sich zu übernehmen lohnt.

Den Eifer des Kindes können Sie schon früh nutzen. Kinder lieben es, Dinge selbst auszuprobieren. Das gilt bereits für den Säugling, der sich Sachen in den Mund steckt, um sie zu be-greifen. Mit Neugier und eigenem Antrieb erobern sich die Kinder ihre Umgebung. Später werden sie selbst austesten, ob sie eher ein Chaostyp sind oder Ordnung lieben.

Das führt zu einem weiteren Aspekt, wie sich das Wohnumfeld ändert. Sie werden bestimmte Bereiche schützen müssen: Schränke erhalten Türstopper, Steckdosen Kindersicherungen. Sie können keine Wohnungstür mehr gefahrlos mit Schwung öffnen, weil die Möglichkeit besteht, dass Sie dahinter etwas umstoßen oder Ihr Kind treffen könnten.

Wenn Sie verschiedene Haushalte zu einem Familienbetrieb zusammenlegen, bringen Sie sehr wahrscheinlich auch unterschiedliches Empfinden mit, was auf Sie ordentlich *wirkt*. Das hängt davon ab, über welchen *Sinneskanal* Sie sich orientieren. Den einen stressen visuelle Reize: Ihn stören Kinderlärm oder Essensgerüche überhaupt nicht, aber sein *Auge* bleibt hängen, wenn Sessel und Sofa nicht im rechten Winkel zueinander stehen. Der andere reagiert auf den *Tastsinn*: Ihn stört, wenn er nicht mehr gefahrlos auftreten kann und er sich ständig einen Weg durch Schnuller, Legosteine und Rasseln auf dem Boden bahnen muss. Manches *Ohr* wird rasend, wenn ein Kind an Töpfen klappert oder das Bobbycar dauernd auf dem Hof rattert. Manche *Nase* reagiert empfindlich, wenn nicht regelmäßig gelüftet wird. Allein der Geruch des vollen Windeleimers weckt dann Fluchtgedanken.

Finden Sie heraus, auf welche Reize Sie reagieren. Hat Ihr Partner ein anderes »Stressorgan«, sollten Sie den Familienhaushalt auf beide Aspekte hin abstimmen.

Es sind nicht nur äußere Reize, die Ihr Handeln bestimmen. Im eigenen *Elternhaus* haben Sie Vorstellungen von Haushalt verinnerlicht. Mit dem Rückfall in alte, traditionelle Rollen kehren womöglich alte Laster zurück: »Haushalt ist Frauensache« zum Beispiel. Wenn sich ein Paar bislang den Haushalt geteilt hat, wird der, der zu Hause bleibt, die Neuverteilung der Aufgaben womöglich als ungerecht empfinden. Das führt zu Abwertungen: Nicht jeder kann über »das bisschen Haushalt« lachen, zumal wenn die Bemerkung vom Partner kommt, der an dessen Bewältigung kaum noch beteiligt ist. Die Vorstellungen von einem Familienhaushalt können sehr unterschiedlich sein: Beim einen waren feste Mahlzeiten Standard, beim anderen aß, wer gerade in die Küche kam.

Die neue Familiensituation erweckt alte Handlungsmuster aus dem Elternhaus wieder. Manche Frau erkennt ihren Mann nicht wieder. Wie der nämlich zu Hause erzogen wurde, darauf hatte sie gar nicht so genau geachtet. Jetzt aber übernimmt sie die Rolle von Haushalt und Mutter, und er beginnt ihre Rolle als Rundumversorgerin auszunutzen: Vielleicht hat seine Mutter noch bis ins Berufsalter hinein seine Wäsche gemacht, Socken klaglos aufgeräumt, sich nie über Pinkeln im Stehen beklagt.

Nach einigen Jahren Partnerschaft oder Ehe nimmt zugleich der Eifer ab, sich um den anderen zu bemühen. Diese Frau gilt es nicht mehr zu erobern; jetzt braucht er die bequeme Jogginghose aus lilafarbener Ballonseide in der Freizeit gar nicht mehr auszuziehen! Kritik lässt ihn womöglich in die pubertierende Rolle zurückfallen, die gegen den Ordnungs(schwach)-sinn seiner eigenen Mutter aufbegehrt. Überhaupt: Sie selbst macht sich ja auch nicht so zurecht!

Wenn ein Paar im Privaten so miteinander verkehrt, verletzen sich die Partner und ihre Beziehung. Sie leben ein sprachloses Nebeneinander, das sich ins Gegeneinander steigern kann: Irgendwann wirkt der Partner nicht mehr anziehend, sondern abstoßend.

Das muss nicht so weit kommen! Mit *klaren Absprachen* können Sie sich schon im Haushalt Rückzugsräume als Paar erhalten. Welche Sie mögen, das wissen Sie selbst am besten. Aber es lohnt sich, offen darüber zu sprechen:

● Das Bad ist auch der Ort fürs Schminken oder die gepflegte Nassrasur. Schade, wenn ein voller Windeleimer das erstickt.

● Wertschätzung des Partners können Sie auch durch gepflegte Kleidung in den eigenen vier Wänden ausdrücken.

● Die Küche ist für viele das Zentrum eines Zuhauses. Hand aufs Herz: Wie viel Zeit verbringen Sie tatsächlich im schick eingerichteten Wohnzimmer und wie viel Herzblut stecken Sie in die Wohlfühlatmosphäre des Arbeitsplatzes Küche? Hier entsteht leckeres Essen, hier gibt es spontane weinselige Gespräche, hier enden acht von zehn Partys ...

Lösen eines Alltagsproblems

Grundsätzlich beachten Sie bitte die Kommunikationsregeln aus dem Kapitel »Gegeneinander – Nebeneinander – Miteinander«. Ansonsten gilt:

1. Legen Sie zunächst *ein Thema* fest, für das Sie beide eine Lösung suchen – zum Beispiel »Ordnung im Badezimmer«.
2. Bereiten Sie dieses Zwiegespräch zunächst allein vor. Klären Sie *für sich*, was Sie belastet, was Sie sich wünschen, welche Gefühle mit dem Thema verbunden sind und welche Lösungen Sie vorschlagen.

   THEMA ...
   Mein Anliegen/Problem ist ...
   ... und das macht mich/mir ... [Gefühl]
   Ich wünsche mir ...
   Ich schlage als Lösung vor: ...

3. Anschließend treffen Sie sich zu einem *Zwiegespräch*. Prüfen Sie dabei *alle* Lösungsvorschlage – selbst die zunächst »unmöglich« erscheinenden: In ihnen verstecken sich oft ungeahnte neue Wege.
   Einigen Sie sich auf die *momentan* beste Lösung – unter Umständen für einen begrenzten Zeitraum.
   Vereinbaren Sie, *wer* zur Umsetzung der Lösung *was* beitragen wird – ganz konkret!
4. Eltern-Teamwork ist hochwertige Arbeit!
   Womit wollen Sie sich belohnen, wenn die Umsetzung gelingt?

Vorsicht, du lässt das Kind fallen!

Verschiedene Schmerzgrenzen im Umgang mit dem Baby

Wenn Sie bislang als Paar zusammengelebt haben, hatten Sie wenig, auf das Sie gemeinsam aufpassen mussten. Gut, das Auto sollte heil zurückgebracht werden und das Parkett keine Schrammen kriegen. Vielleicht ist *er* manchmal zu sorglos mit ihren Blumen umgegangen oder *sie* schaltet munter Herdplatten ein und hat schon so manchen Topf angeschwärzt. Aber das waren vergleichsweise Lappalien, denn mit Ihrem ersten Kind bekommt das »Aufpassen auf etwas« eine völlig neue Dimension. Ein Kind ist etwas, das nicht nur nicht kaputtgehen darf oder keine Schrammen abkriegen soll, es fordert auch von selbst. Sie müssen sich auf dessen Bedürfnisse einlassen (vgl. das Kapitel »Das Baby brüllt – was hat es nur?«), werden aber auch völlig neue Toleranzgrenzen bei Ihrem Partner entdecken: nämlich wie er mit Ihrem Kind umgeht.

Als Sabrina mit den Wochenendeinkäufen bepackt heimkommt und etwas außer Atem die Haustür öffnet, stockt ihr der Atem: Sie hat den zweijährigen Fabian in der Obhut ihres Mannes Manfred gelassen und spontan hat sein Handballfreund Rudi vorbeigeschaut. Die beiden halten das Kind – nicht fest und sicher im Arm – nein, sie werfen es sich gegenseitig zu!! Kleiner Scherz unter Handballern – und Sabrina ist kurz vor dem Nervenzusammenbruch. Fabian, der unfreiwillige Spielball zwischen den zweien, lacht vergnügt.

Hier prallen gleich mehrere Welten aufeinander. Wer hat »Recht«? Eine Diskussion, die sicherlich zwischen Sabrina und Manfred losbrechen wird. Gibt es in dieser Situation überhaupt ein »Falsch« oder »Richtig«? Gar nicht so einfach! Aber der Reihe nach:

Zunächst einmal reagiert jeder für sich gesehen verständlich:

Sabrina sagt sich: *Einmal* lasse ich das Kind in der Obhut meines Mannes, um für uns alle einzukaufen, und dann so was! Wie kann Manfred unser Kind nur einer solchen Gefahr aussetzen? Sie ist enttäuscht, wenn sie sieht, wie Manfred ihr Vertrauen »missbraucht«. Bei den nächsten Einkäufen wird sie ein mulmiges Gefühl begleiten.

Manfred wundert sich: Er hat sich mit Fabian intensiv beschäftigt. Sein Freund Rudi hat ihn darin bestärkt und sogar mitgeholfen bei dieser »motorischen Förderung«. Alle drei hatten ihren Spaß – also wo ist das Problem?

Wenn man überhaupt werten will: Jeder hat ein Recht auf unterschiedliche Gefühle. Spaß beim Vater Manfred, Glück beim Kind Fabian und Angst bei Mutter Sabrina. Jedes Gefühl steht für sich und hat zunächst einmal seine Berechtigung. Mehr zu dieser *Mausperspektive* später in diesem Kapitel, zunächst beleuchten wir noch einmal unser Beispiel:

Sabrina hat sich mühsam von den *gesellschaftlichen Einflüssen* gelöst: Die Vorstellung, was eine gute, beschützende Mutter ist, hat sie vertrauensvoll auf ihren Mann übertragen. Nun muss sie feststellen, dass der ganz anders arbeitet. Ihre Argumentationskette ist an einer Stelle dünn: Ihrem Kind hat das Ganze Spaß gemacht. Im Hintergrund können verschiedene Erziehungserfahrungen aus der *Herkunftsfamilie* mitspielen.

Sabrina war Einzelkind und wuchs relativ behütet auf. Ihre Eltern waren eher ruhige Menschen und haben sie ohne viele Worte erzogen. Ihre Mutter hatte stillschweigend die Hoheit über die Erziehung. Wildes Balgen und Flugexperimente gehörten sich nicht in ihrer Familie. Entsprechend überfordert ist

Sabrina, als sie den fliegenden Fabian sieht. Sie stellt Manfred zur Rede.

Manfred ist turbulente Spiele von zu Hause gewohnt. Er war als Kind seinem Vater in diesen Momenten sehr nahe. Wobei Vater und Mutter zusätzlich sehr unterschiedlich waren. Den Vater hat es manchmal diebisch gereizt, seiner vorsichtigen Frau einen kleinen Schrecken einzujagen.

Wenn Manfred nun Sabrina als Mutter sieht, leben in ihm mehrere Verhaltensmuster auf: Er solidarisiert sich mit seinem

Vater, wenn er mit seinem Kind balgt. In der Diskussion mit Sabrina läuft er Gefahr, sich auf ein bekanntes Machtspiel einzulassen: Als Kind hat er seine übervorsichtige Mutter oft pubertär abgewehrt. Jetzt erlebt er Sabrina in der Mutterrolle und schlägt ihr ein Schnippchen. Die behütete Erziehungsmethode aus Sabrinas Familie kollidiert mit den wilden Spielen und der Machtfrage, die Manfreds Eltern damit verbunden haben. Die alte Generation gibt den Konflikt an die Jungen weiter.

Fabian gerät in eine verzwickte Position. Er wird »trianguliert«, wie die Fachleute sagen. Fabian weiß nicht, ob er sich über die Flugstunde mit seinem Vater noch freuen darf. Oder ob er ein weinerliches Gesicht ziehen soll, damit er seiner erschreckten Mutter nahe ist. Fabian möchte beide Eltern zufrieden stellen, denn er liebt ja auch beide. So gerät der Zweijährige in den Würgegriff verschiedener Botschaften.

Abhilfe schaffen hier Gespräche in ruhiger Umgebung zwischen Sabrina und Manfred. Sabrina hat die Hausfrauen- und Erziehungsrolle und dadurch handelt sie in der *Bärenhaltung*. Das macht sie sicher, was das Verhalten und die Ansprache ihres Kindes betrifft. Sie meint, einen Vorsprung zu haben, verliert dabei aber leicht aus den Augen, dass Fabian auch ganz anders behandelt werden könnte. Im Gespräch begründet Manfred, dass er Fabian nicht nur als *Luchs* hochgeworfen, sondern als *Bär* auch sicher gehalten hat. Fabian hat das instinktiv gespürt und Spaß an der Sache gehabt.

Sabrina und Manfred können sich den Vorfall aus ihrer jeweiligen *Mausperspektive* erzählen. Die Situation hat bei beiden gleich einen ganzen Strudel von Gefühlen ausgelöst:

Sabrina hat zunächst Angst um ihr Kind. Dahinein mischt sich Wut auf den Partner. Vielleicht ärgert sie sich auch über ihre eigene Angst, erlebt ihre eigene Hilflosigkeit. Möglicherweise macht sie sich im Stillen leise Vorwürfe, dass sie nicht so unbeschwert mit Fabian umgehen kann. Dafür beneidet sie Manfred manchmal.

Manfred hat zunächst den Spaß ausgekostet. Sabrinas Eintreten hat ihn verunsichert und schließlich Ärger ausgelöst: Erst ärgerte er sich über seine Frau, dann über die eigene Unsicherheit. Manfreds Reaktion kennen viele Männer. Die einfachste »Lösung« bestünde in einem Rückzug, doch wäre es schade um den Kontakt zum Kind.

So könnten Sabrina und Manfred sich im Gespräch einigen: Sabrina erzählt von ihren Ängsten und bittet Manfred, solche Spiele *in ihrer Gegenwart* künftig nicht mehr zu machen. Gleichzeitig gibt sie ihm eine Vertrauenszusage für die Zeit, in der sie nicht da ist: Er darf und soll eigenverantwortlich handeln, selbst wenn er Fabian in die Luft wirft. Manfred verkneift sich gleichzeitig ein »Was hast du bloß?« und bittet Sabrina um ihr Zutrauen, weil er Fabian bei sich sicher weiß. Er bietet ihr an, auf solche Spiele in ihrem Beisein zu verzichten.

Auch wenn in vielen Situationen die Mütter besorgter und ängstlicher sind, kann sich das Gefahrenbewusstsein auch drehen:

Manfred kann locker und unkompliziert mit Fabian herumalbern und spielen. Doch seit Fabian einen Fieberkrampf hatte, steht er hilflos vor dem Kind, wenn es das Gesicht vor Schmerz verzieht. »Tu doch was!«, ruft Manfred dann. Sabrina ist als Krankenschwester die »Fachfrau« für medizinische Fragen und weiß mit der Situation umzugehen. Ihr fällt es in diesem Fall schwer, Manfreds Unsicherheit auszuhalten. Seine Vorwürfe verdecken seine Hilflosigkeit. Das führt in der Krise natürlich nicht weiter, hilft aber, in einer ruhigeren Minute sich über »schwache Momente« auszutauschen.

Betrachten wir dieses Kapitel über mögliche Gefahren noch aus der *Adlerperspektive*:

Es ist je nach Situation angebracht, Angst um sein Kind zu haben. Angst kann schützen. Angst, die der Partner auslöst, kann auch Grenzen aufzeigen: zum Beispiel die Grenzen von Sabrinas Toleranz (selbst wenn Fabian es genossen hat, von

Manfred und seinem Freund hin- und hergeworfen zu werden). Und Manfred erhält eine Richtschnur, wie weit er künftig ihre Angst respektiert.

Angst um das Kind in der Obhut des Partners bedeutet selten eine objektive Gefahr, doch es gibt in der vertrauten Umgebung durchaus reale Gefahren. Ein Gespräch über objektive Gefahrenquellen macht aus diffuser Angst konkrete Vorsicht:

- das Waschpulver für die Geschirrspülmaschine, das in Reichweite eines krabbelnden Kindes steht und schwerste innere Verletzungen verursachen kann,
- der Teich im Garten, dessen Tiefe von 20 Zentimetern reicht, damit ein Kind ertrinken kann,
- ein Absperrgitter an der Kellertreppe, das neunundneunzigmal eingehakt wurde, um zu schützen, aber beim hundertsten Mal offen steht,
- eine befahrene Straße: Sie lässt Sie grundsätzlich zurückschrecken, aber wie schaut es mit dem wenig befahrenen Sträßchen hinter Ihrem Gartenzaun aus?

Unterschiedliche Erfahrungen mit dem Kind lassen jeden objektive Gefahrenquellen anders erleben. Unbekannte Gefahren werden manchmal unterschätzt, manchmal überschätzt. Sie werden im Laufe der Zeit lernen, Gefahren besser einzuschätzen. Sie werden sich auf einige reale Gefahrenquellen problemlos einigen können und Ihr Kind davor schützen. Um solche Gefahren zu verringern, werden Sie Grenzen setzen. Damit geben Sie Ihrem Kind eine Orientierung, was es darf, was passieren kann und wie es sich selbst schützt.

Trotz Annäherung werden verschiedene Schmerzgrenzen beim Umgang mit Ihrem Kind bleiben. Das ist auch gut so. Ein Unterschied im Umgang ist nur natürlich. Ihr Kind lernt ganz von selbst, dass man mit einer Situation auf verschiedene Art und Weise fertig werden kann. Wenn Sie Verschiedenheiten auch ausleben, wird Ihr Kind später selbst wählen können, was für es am besten ist.

Elterngespräch

Sollten Sie sich öfter im Umgang mit dem Kind uneinig sein, nehmen Sie sich einmal einen Abend in Ruhe die Zeit für ein Elterngespräch. Einigen Sie sich vorher auf einen Termin und wählen Sie eine Zeit, in der das Kind schläft und sonst niemand stört. Dann haben Sie Gelegenheit, um über Folgendes zu sprechen. Beachten Sie dabei wieder die Kommunikationsregeln aus dem Kapitel »Gegeneinander – Nebeneinander – Miteinander«.

- Was stört Sie am Umgang Ihres Partners mit dem Kind? Wählen Sie eine *konkrete* Situation aus.
- Welche Gefühle löst dieser Umgang aus?
- Welche für Sie schlechten Erfahrungen können damit verbunden sein?
- Was können Sie selbst tun, um Ihren Ärger, Ihre Angst etc. zu verringern?
- Wie könnte Ihr Partner Sie unterstützen?

Und nun drehen wir diese fünf Punkte einmal um. Versetzen Sie sich in Ihren Partner:

- Was stört den Partner an Ihrem Umgang mit dem Kind in dieser konkreten Situation?
- Welche Gefühle löst Ihr Umgang beim anderen aus?
- Kennen Sie schlechte Erfahrungen, die der Partner gemacht hat?

- Was könnte er/sie tun, um seinen Ärger, seine Angst etc. zu verringern?
- Wie könnten Sie Ihren Partner unterstützen?

Jenseits eines aktuellen Konflikts lohnt es sich, miteinander die Hintergründe genauer anzusehen:

- Erinnern Sie sich an Ihre Eltern: Wie würden sie in der Situation reagieren? Wie beurteilen Sie die Handlung Ihrer Eltern heute? Welche Dinge übernehmen Sie, was lehnen Sie ab?
- Wie war das im Elternhaus Ihres Partners?
- Wie wollen Sie sich in Zukunft verständigen, wenn Sie unterschiedlich reagieren?

Machen Sie eine kleine Zeitreise: Heute sorgen Sie sich noch um Ihr Kleinkind. Wie wird das in ca. fünf Jahren aussehen, wenn Ihr Kind allein auf dem Schulweg ist und Straßen überqueren muss? In zwölf Jahren, wenn die Diskussionen um das Fortgehen und »abends in die Disko« kreisen?

Sie werden eine Zeit erleben, in der Sie auf Ihr Kind warten, das (hoffentlich) zum verabredeten Zeitpunkt heimkommt. Das mit dem Warten auf Verabredungen hat aber schon jetzt eine Bedeutung, wenn Ihr Kind noch ganz klein ist. Mehr dazu im nächsten Kapitel.

Warten, warten, nichts als warten!

Übergaben und andere Vereinbarungen

Wenn Sie sich rasch auf dieses Kapitel gestürzt haben, sind Sie mit sehr hoher Wahrscheinlichkeit weiblich. Nicht etwa, weil Frauen besonders ungeduldig sind. Auch nicht, weil Warten zu den weiblichen Tugenden gehört. Nein, diese Warteschleife erlebt einfach nur der – die (!), die sich ums Kind kümmert. Wer zu Hause bleibt, erlebt ab dem Tag der Geburt einen völlig neuen, nämlich unstrukturierten Tagesablauf. Jahrelang war man bzw. frau effizientes Arbeiten gewohnt, lebte mit Terminplaner und besprach sich mit Kollegen – das fällt mit der Elternzeit weg. Ja, und hierzulande sind es eben zu 98 Prozent Frauen, die die Elternzeit für sich in Anspruch nehmen.

Dennoch ist dies kein Frauenkapitel! Hier geht es ans Eingemachte in der Partnerschaft – von daher betrifft es beide Partner. So wie in unserem Beispiel:

Bernd (30, Automechaniker) und Sybille (26, Bürokauffrau) kennen sich seit sieben Jahren und wünschen sich seit zwei Jahren ein Kind. Jetzt ist es da – und ihre Beziehung wird erschüttert. Bernd hat vergangenes Jahr die Chance genutzt, eine Autowerkstatt zu übernehmen, und arbeitet hart, um sie am Laufen zu halten. Sybille war bis zum Mutterschutz ganztags berufstätig, heute versorgt sie ihren gemeinsamen Sohn Julius (fünf Monate).

Früher begann beider Tag mit gemeinsamem Frühstück und gemeinsamer Fahrt zur Arbeit. Tagsüber hatte jeder seine Aufgaben zu erfüllen und nachmittags fuhren sie entweder gemeinsam heim oder Sybille nahm den Bus. Wenn Sybille früher zu Hause war, sorgte sie fürs Abendessen. An den Abenden sahen sie gemeinsam fern oder gingen manchmal aus.

Mittlerweile steht Bernd morgens allein auf – Sybille schläft, solange Julius es im Bett aushält. Bernd ist meist schon außer Haus, wenn Sybille aufsteht. Während er den Tag über unzählige Kunden bedient, Autos repariert und nach Werkstattschluss die Buchhaltung macht, also höchst strukturiert arbeitet, läuft ihr Tag weitgehend planlos ab: »Es blubbert einfach so dahin. Entweder ich warte darauf, dass Julius endlich einschläft, damit ich wenigstens das Nötigste im Haushalt machen kann, oder ich warte darauf, dass er aufwacht, um noch rechtzeitig was zu erledigen.«

Sybille ist zunehmend unzufrieden. Sie sehnt sich gegen Abend nur noch nach einem: dass Bernd endlich heimkommt. Endlich ein erwachsener Ansprechpartner! Endlich jemand, dem sie ihre noch so kleinen Erfolge wie »Endlich wieder Fenster geputzt!« berichten kann! Endlich jemand, dem sie ihre Einsamkeit anvertrauen kann und der sie in den Arm nimmt. So wartet sie Abend für Abend auf ihn und wird sauer, wenn er später kommt. »Dein Kind interessiert dich wohl schon nicht mehr«, wirft sie ihm vor.

Bernd hat nach zwölf Stunden Arbeit wenig Sinn für »dieses ewige Genörgel«. Er steckt in der Existenzgründungsphase und trägt schon genug. Er ist einfach fertig am Abend. Wie würde er sich danach sehnen, mal den ganzen Tag daheim zu verbringen! Stattdessen hört er täglich Vorwürfe, warum er schon wieder so spät heimkommt. Das nervt ihn!

Von ferne betrachtet sind weder Bernd noch Sybille um ihre Situation zu beneiden – in der neuen Lebenslage sind beide Einschränkungen ausgesetzt, mit denen sie so nicht gerechnet haben.

Nur allzu leicht entwickelt sich aus der *situationsbedingten Unzufriedenheit* ein echtes Beziehungsproblem. Teuflisch sind in dieser neuen Situation die Abwertungen und Beschuldigungen. »Mein Gott, was tust du denn den ganzen Tag!«, wirft er ihr dann vor und sie keift zurück: »Du trödelst in deiner Arbeit, nur um mir zu zeigen, dass ich dich nicht mehr interessiere!«

Wenn sich in den ersten Monaten nach der Geburt die gegenseitigen Verletzungen häufen, gefährden sie schnell die Beziehung, denn jeder von beiden ist derzeit bis an die Grenzen gefordert. Die Vorwürfe sind zwar verständlich, doch verändern sie nichts am Problem. Sie verschärfen es nur noch, denn mit den Beschuldigungen verschwinden die liebevollen Gesten. Darüber hinaus wirkt sich die miese Stimmung auf das Kind aus: Viele Kinder reagieren mit Unruhe, wenn sie Spannungen zwischen den Eltern spüren. Sensible Eltern werfen sich womöglich vor, ihrem Kind irgendeinen seelischen Schaden zuzufügen. Doch damit ist niemandem geholfen. Vorwürfe gegen andere und sich selbst führen in einen Teufelskreis.

In dem »von ferne betrachten« liegt bereits eine erste Lösung: Wenn es Bernd und Sybille gelingt, ihre Lage einmal gemeinsam aus der *Adlerperspektive* anzusehen, finden sie leichter wieder einen Zugang zueinander. Denn beide haben an den »Kosten« der Elternschaft zu knabbern. Sie hat berufliche Bestätigung, Kontakte und Aufgaben aufgegeben, er seine uneingeschränkte Arbeits- und Erfolgsplanung. Beiden fehlen die gemeinsamen entspannenden Ruhezeiten, die ihre Partnerschaft stabilisierten.

In den ersten Monaten der Umstellung auf »Familienbetrieb« klagen viele Frauen, dass sie »nichts mehr auf die Reihe kriegen«. Obwohl das Baby etliche Stunden schläft, bleibt kaum Zeit. Schläft oder spielt es, entstehen unvorhersehbar lange Leerzeiten. Wenn aber das Baby schreit, ist auf einmal höchster Zeitdruck. Effiziente *Zeitplanung* ist da ein Fremdwort. Ein berufstätiger Partner kann das erst richtig nachvollziehen, wenn er selbst einmal für mindestens 48 Stunden in diese Rolle geschlüpft ist.

In zehn Jahren werden Sie selbst über diese Anfangsschwierigkeiten lächeln, vielleicht managen Sie dann das Leben mit drei Kindern problemlos. Es liegt wahrscheinlich gar nicht an der fehlenden Zeit, sondern am Frust, wenn eine Aktion unterbrochen wird, oder an der Ungewissheit, ob eine Arbeit fertig wird, bevor das Kind wieder fordert. Zudem legt sich oft eine lähmende Müdigkeit über den Tag, da Sie die Schlafunterbrechungen nicht gewohnt waren.

Mindestens so schwer wiegt die unvorhergesehene *Einsamkeit*. Wenn Sie regelmäßige Gespräche gewöhnt waren, wird Sie dies mehr treffen, als wenn Sie auch vorher schon öfter allein waren. »Was gibt es Schöneres, als mit seinem Baby zu schmusen, zu scherzen«, flöten die Omas, die Freunde, vielleicht sogar der Partner – doch keiner denkt daran, von früh bis spät ohne Gesprächspartner zu leben.

Wie können Sie sich als Paar nun unterstützen? Auch hier werden zwei Wege Sie weiterbringen: das *bewusste Nebeneinander* und das *Miteinander*:

Sorgen Sie als Erziehende/r selbst so schnell wie möglich für Ihre Beziehungen zur Erwachsenenwelt, denn Ihr Partner kann nicht all Ihr *Kontaktbedürfnis* abdecken. Organisieren Sie regelmäßig Besuche bei Freunden oder Verwandten. Wenn Sie vor Ort wenige Leute kennen, schauen Sie sich in Familienzentren oder auf Spielplätzen um, selbst wenn Ihr Kind noch nicht mitspielen kann. Wenn Sie sich um Ihr psychisches Gleichgewicht sorgen, kommt das auch Ihrem Kind und Ihrer Partnerschaft zugute – eine echte Bärenqualität, die Sie mit dieser Kontaktsuche entwickeln.

Als berufstätiger Partner sollten Sie wissen, dass Sie für die nächste Zeit die Hauptbrücke zur Erwachsenenwelt darstellen – auch dann, wenn Ihre Partnerin sich um eigene Kontakte bemüht. Wenn Ihre Partnerin Ihnen am Abend viel erzählen möchte und auch über misslungene Aktionen jammert, hören Sie einfach nur zu. Sie braucht keine Ratschläge oder Lösungen, sondern einfach nur ein *offenes Ohr* (vgl. Aktives Zuhören aus den Gesprächsregeln des Kapitels »Gegeneinander – Nebeneinander – Miteinander«).

Nutzen Sie die Gespräche, um Pläne zu schmieden – fürs kommende Wochenende, für den bevorstehenden Urlaub. Bevor Sie eines Tages mit Ihrem Kind die Welt erforschen, nutzen Sie jetzt bereits Ihre Luchsseite und halten Sie nach »Spielwiesen« Ausschau: Ausflüge, Badeweiher, Spaziergänge, ein erster Babysitter. Wenn Sie beide ein Highlight vor Augen haben, lassen sich auch trübe Tage besser meistern.

Für Sie als berufstätigen Partner ist auch eine neue Belastung hinzugekommen: Wenn Sie bisher Ihrer Arbeit nachgingen, verdienten Sie damit vor allem Ihren persönlichen Unterhalt. Inzwischen sorgen Sie mit Ihrer Berufstätigkeit für das Familieneinkommen. Damit Sie für Ihre Familie sorgen können, brauchen Sie jetzt die *Rückendeckung* von dem, der daheim die Stellung hält. Gerade in dem Punkt sind nun Absprachen nötig: Wie viel Geld meinen Sie beide, dass Sie für Ihren Lebensunterhalt brauchen? Wie viele Stunden müssen Sie außer Haus sein, um dieses Geld zu verdienen?

Zeit und Geld hängen in der Regel unmittelbar zusammen: Je höher Ihr Lebensstandard, desto länger werden Sie dafür arbeiten müssen und desto geringer fällt Ihre gemeinsame Zeit aus. Entscheiden Sie gemeinsam, was Ihnen wie wichtig ist.

Häufig steigt die Arbeitszeit beim berufstätigen Partner mit der Familiengründung, weil einer oder beide Partner einen bestimmten Lebensstandard erwarten. Hier spielen häufig innere Familienbilder hinein: Eine Familie braucht ein Eigenheim, zwei Autos etc. (vgl. Kapitel »Schaffe, schaffe, Häusle baue!«). Durch das Vorbild der eigenen Eltern wie auch durch befreundete Familien stehen viele junge Eltern unter einem hohen Erwartungsdruck. Die Werbung der Banken und Bausparkassen tut ihr Übriges dazu. Sprechen Sie offen darüber, welche Erwartungen jeder von Ihnen beiden hat – *Sie* planen Ihre Zukunft!

Demjenigen, der beim Kind zu Hause ist, fällt es oft schwer, berufliche Probleme des Partners aufzufangen. Wer beim Kind bleibt, durchlebt parallel zu den Glücksgefühlen übers Baby oft einen Trauerprozess. Der Abschied aus der Arbeitswelt will erst seelisch verkraftet werden. Erzählt nun der Berufstätige von der Arbeit, werden Abschiedsschmerzen angerührt. Ihnen beiden ist geholfen, wenn Sie sich hier ehrlich über Ihre *Gefühle austauschen* – Familiengründung ist weder nur pures Glück noch nur Kampf, manchmal auch leise Trauer. Wandeln Sie die Trauer in eine neue Perspektive um: Wann werden Sie Ihren Partner wieder mit Ihrem Verdienst unterstützen? (Mehr dazu im Kapitel »Wer weniger verdient, hat das Kind verdient«.) Damit erhält der Berufstätige eine Aussicht auf Entlastung und der Betreuende eine Aussicht auf Wiedereinstieg.

Wenn das *Wiedersehen* öfter zum Fiasko wird, obwohl Sie sich beide aufeinander freuten, überlegen Sie sich feste Absprachen. Vereinbaren Sie für die nächsten Monate den Zeitpunkt, wann Sie jeweils heimkommen. Vielleicht waren Sie bisher recht freiheitsliebende Leute und gewohnt, sich ganz spontan zu treffen. Vielleicht machte gerade das den Reiz Ihrer Beziehung aus. Was bisher toll war und in ein paar Jahren auch wieder kommen kann, ist in der Familiengründungsphase oft kontraproduktiv. Seien Sie bei den Zeitangaben realistisch – es ist keinem von Ihnen damit gedient, dass Sie als Berufstätiger nur aus gutem Willen einen möglichst frühen Zeitpunkt nennen, den Sie nachher nicht einhalten können.

Sie werden eine interessante Erfahrung machen: Feste Absprachen geben Raum für Spontanes. Gerade durch einige Rituale wie feste Heimkehr-, Essens- und Zu-Bett-bring-Zeiten entstehen Freiräume für ungeplante Aktionen.

Falls Sie beide berufstätig sind, stellt für Sie das Wiedersehen oft eine knappe *Übergabezeit* dar: Er übernimmt den Nachwuchs, wenn sie zur Arbeit geht, und umgekehrt. In wenigen

Minuten wird das Nötigste abgesprochen, was Kind, Haushalt und Einkäufe betrifft.

Wenn irgend möglich, richten Sie sich die Übergaben so ein, dass noch Zeit für eine Tasse Tee und eine liebevolle Umarmung bleibt. So ein kurzes Ritual gibt Ihnen beiden wieder Kraft! Dieses Ritual werden Sie in ein paar Jahren vielleicht auch Ihren Kindern weitergeben: Eine dicke Umarmung vor der Schule – und der Schultag flutscht!

Wenn Sie einen beruflichen Termin nicht einhalten können, ist es für Sie wahrscheinlich selbstverständlich, dass Sie Ihren Geschäftspartner informieren. Nehmen Sie Ihren Lebenspartner genauso wichtig! Greifen Sie zum Telefon, wenn Ihnen etwas dazwischenkommt! Dann wartet der andere nicht unnötig und ist nicht zunehmend frustriert. Diese *Absprachen* sind vielleicht anfangs für Sie ungewohnt, wenn Sie als Single-Pärchen lockere Absprachen pflegten. Als berufstätige Eltern lernen Sie sich nach zwei Seiten abzugrenzen: gegenüber dem Arbeitgeber (was als Selbstständiger Sie auch selbst sein können) und gegenüber der Familie. Wenn Ihnen beide wichtig sind, gehen Sie mit beiden sorgsam um.

Seit Ihr Baby auf der Welt ist, stellt es den Mittelpunkt in Ihrer beider Leben dar. Daher sind Aufforderungen wie »Bitte komm heute früher heim, dein Kind möchte dich sehen« verständlich. Doch schleicht sich schnell ein Muster ein, das Sie jahrelang begleiten kann: Es wird über das Kind argumentiert, statt die *eigenen Bedürfnisse* deutlich *auszudrücken*. Sicherlich freut sich das Baby, wenn Papa es auf den Arm nimmt, doch in der augenblicklichen Situation sind Sie als Frau vielleicht diejenige, die sich nach Ihrem Mann sehnt. Es macht auch für Ihren Partner einen großen Unterschied, ob er in seiner Rolle als Vater gefragt ist oder als Mann. Das Versteckspiel hinter den Kindern bringt Sie als Partner mehr auseinander, als der Mann zum Kind findet. (Das gilt natürlich auch in umgekehrter Richtung, wenn die Frau berufstätig ist und der Mann zu Hause wartet!)

Sprechen Sie miteinander ab, was Sie sich von den gemeinsamen Abenden erwarten. Oft werden *vermeintliche Erwartungen* des Partners zur Falle. Wenn beispielsweise die Frau jeden Abend kocht, seit sie junge Mutter ist (wie es in ihrer Familie früher üblich war), dann wird sie sauer, wenn ihr Mann erst kommt, wenn das Essen schon kalt ist. Er aber ist warmes Essen abends aus seiner Familie überhaupt nicht gewohnt und erwartet dies auch nicht. – Je genauer Sie voneinander erfahren, was Sie sich wünschen, desto häufiger werden Sie wieder entspannte Abende erleben.

Anregung zum Gespräch

Die in diesem Kapitel aufgeführten Vorschläge beinhalten reichlich Gesprächsstoff. Einige der von uns kursiv gekennzeichneten Anregungen sind für Sie wohl hilfreich, andere treffen möglicherweise Ihre persönliche Situation weniger.

- Lesen Sie einander die Punkte nochmals vor.
- Benennen Sie ein *konkretes Thema*, das Sie belastet.
- Sammeln Sie alle Gesichtspunkte zu diesem Thema. Was *wollen* Sie ändern? Achten Sie dabei auf Ihre Gefühle.
- Was können Sie *tun*, um die Situation zu entschärfen? Was kann Ihr Partner tun?
- Wie verständigen Sie sich in *Zukunft*, wenn Sie aufeinander warten oder Übergaben regeln müssen?

Hilfe, unser Kind
hat Wutausbrüche!

Was die anderen ruhig
denken sollen

Angesichts eines tobenden Kleinkindes schaut die vergangene
Säuglingszeit oft vergleichsweise rosig aus. Die nervliche Herausforderung wächst mit dem größer werdenden Kind. Auf-
tritte in der Öffentlichkeit können sich schnell zum Spießru-
tenlauf entwickeln, wie das folgende Beispiel zeigt:

> Stefan sitzt im Feierabendverkehr neben seinem zweijährigen
> Sohn Marco in der S-Bahn. Er war mit Marco bei einer Vorsorge-
> untersuchung beim Kinderarzt. Als mehrere Leute einsteigen, will
> Stefan Marco von seinem Sitzplatz auf seinen Schoß holen. Mar-
> co will das gar nicht und stimmt ein durchdringendes Gebrüll an.
> Stefan versucht den Tobenden gegen dessen Willen auf seinem
> Schoß zu halten und zu beruhigen. Stefan reicht es. Den ganzen
> Nachmittag hat er beim Kinderarzt gewartet und jetzt noch ein
> Machtkampf in der S-Bahn! Sein Griff, der Marco festhält, ist kräf-
> tiger als beabsichtigt.

Stefan gerät in ein ganzes Karussell von Gefühlen. Er will als
Vater seinem Kind prinzipiell nichts Schlechtes. Er ist festge-
legt durch die Wahl des Verkehrsmittels, durch die Platzver-
hältnisse und durch den unzureichenden Raum zum Toben-
lassen oder Beruhigen: So kann er auf Marcos Gebrüll nur begrenzt reagieren. Außerdem hat er seinem Kind gerade ein

Stück Bequemlichkeit – nämlich den eigenen Sitzplatz – genommen. Marcos Toben löst bei Stefan außer Ärger auch ein schlechtes Gewissen und Unsicherheit aus. Im Übrigen glaubt er sich den vorwurfsvollen Blicken der Mitfahrer ausgesetzt. Seine Autorität schwindet, und daran sind sowohl er als auch Marco beteiligt. Auf den leeren Platz neben ihn setzt sich erst mal niemand.

> Tags darauf ist Martina mit Marco unterwegs. Auch sie sind in der S-Bahn, auch hier wird es eng, Marco soll seinen Sitzplatz räumen. Das passt Marco gar nicht, aber auf sein Toben reagiert die Mutter erst mal nur mit Blickkontakt und einer hochgezogenen Augenbraue. Sie hört Wut und Trotz aus Marcos Gebrüll heraus, aber ist nicht bereit, sich davon beeindrucken zu lassen. Schließlich sagt die Mutter:»Du, ich glaube, die Leute hier halten dich für ein kleines, trotziges Monster. Magst du das sein?« Da wird Marco still und die fragenden Blicke der Mitreisenden verwandeln sich in ein verstecktes Schmunzeln.

Martina verkörpert hier die Ruhe selbst. Das ist sie natürlich nicht, aber im Gegensatz zu ihrem Mann Stefan steht sie heute nicht unter Zeitdruck. Martina lässt sich von der Umgebung nicht so schnell aus der Ruhe bringen, und das färbt wiederum auf die Umgebung ab.

Martina kommt aus einer großen Familie. Sie ist den Umgang mit Kindern, insbesondere Trotzköpfen, gewöhnt. In Martinas Familie herrschte eine gewisse Gelassenheit. Bei Stefan ging es zu Hause ruhig zu, Nicht-Auffallen war eines der ungeschriebenen Gesetze in der Familie. Ihn setzt sein wütender Sohn schnell unter Druck.

Binnen einer Elterngeneration haben sich viele Dinge gewandelt. Fahrten in überfüllten Nahverkehrsmitteln waren für die Eltern von Stefan und Martina noch unbekannt. In Stefan wie in Martina streiten zwei Einsichten miteinander. In ihnen

brechen alte Glaubenssätze auf: Einerseits ist es höflich, anderen Leuten Platz zu machen, andererseits hat auch ein Kind ein Recht auf einen Sitzplatz, und erst recht seinen eigenen Willen. Diese Glaubenssätze werden dummerweise erst in Krisen herausgefordert – wie bei Trotzanfällen in unserem Beispiel.

Manche Eltern reagieren auf Trotzanfälle mit einem Klaps auf den Hintern oder einer Ohrfeige. Mag vor Jahrzehnten ein Klaps noch zum Erziehungsrepertoire dazugehört haben, hinterfragen wir das heute. Was geschieht da? Das Kind hat erstens eine Grenze überschritten und zweitens die Eltern dazu gebracht, ebenfalls eine Grenze (die gewaltlose nämlich) zu überschreiten und hilflos zu reagieren. Das Kind lernt drittens daraus: Wenn Erwachsene nicht mehr weiterwissen und an ihre Grenzen stoßen, greifen sie zu Gewalt. Viertens ist daraufhin die Beziehung verunsichert.

Häufig reagieren Männer und Frauen unterschiedlich. Während Männer ihre Erziehungsideale im Ernstfall übergehen und es einfach dabei bewenden lassen, neigen Frauen eher zu Selbstzweifeln und stellen ihre Erziehung grundsätzlich in Frage. Damit es nicht so weit kommt, lohnt es sich, in beruhigter Umgebung einmal selbst nachzuforschen: Wie hat sich die Situation hochgeschaukelt? Und wie will ich mich davor künftig schützen? Welche anderen Möglichkeiten habe ich als Erwachsener, auf das Kind zu reagieren, als mit einem wort- und hilflosen Klaps?

Nützen Sie Ihren Partner als Unterstützung: Besprechen Sie Erlebnisse, in denen Sie sich hilflos gefühlt haben. Einigen Sie sich auf eine gemeinsame Herangehensweise, wenn Ihr Kind tobt – das hieße ein *Miteinander* anzustreben. Oder akzeptieren Sie unterschiedliches Handeln, so kann Ihr Partner reagieren, wie es ihm liegt – durch ein *bewusstes Nebeneinander*.

Diese Zeit ist für alle unsicher, da können sich Diskussionen zwischen den Eltern und kindliche Tobsuchtsanfälle ständig abwechseln. Ein Elternteil ist in dieser Situation oft überfordert: Keiner da, der einem das schreiende Kind abnimmt, und auch das Kind kann austesten: »So, was macht Mama jetzt, wenn ich nicht will?!«

Hier ist es sinnvoll, wenn sich Eltern regelmäßig austauschen. Stefan könnte am Abend von Marcos Anfall in der S-Bahn erzählen. Er zeigt seine Unsicherheit und riskiert, dass sie ihn nicht ernst nimmt. Wenn seine Frau jedoch den Faden aufnimmt, schildert sie ihm vielleicht ihre Erlebnisse. Welche Tricks kennt jeder von beiden, um solche Szenen zu entschärfen? Vielleicht kommen die beiden so weit, sich gegenseitig von der Erziehung in ihrer eigenen Kindheit zu erzählen. Können sie sich noch an Wutausbrüche erinnern? Und wie haben die eigenen Eltern darauf reagiert? Mit diesen – oft unausgesprochenen – Mustern im Gepäck stolpern junge Eltern in die Erziehung ihrer Kinder hinein. Werden sie einen neuen, gemeinsamen, verantwortungsbewussten Erziehungsstil finden? Ein solches Gespräch stärkt das Elternselbstbewusstsein, auch für Situationen, wenn der Partner nicht dabei ist.

Kinder leben ihre Gefühle spontan aus. Der Tobsuchtsanfall in der S-Bahn ist nur einer von vielen, wenn auch ein krasser: Wir Erwachsenen haben gelernt, uns den gesellschaftlichen Normen anzupassen, und würden nicht im Traum auf die Idee kommen, in Gegenwart anderer auszurasten und brüllend loszutoben. Wir unterdrücken solche Gefühle, die Kinder noch viel freier herauslassen. Als Erwachsene wären wir manchmal froh, wenn wir unsere Gefühle so ungehemmt ausleben könnten wie Kinder. Diese Freiheit der Gefühle wird von manchen Therapien wieder aufgegriffen – der Urschreitherapie zum Beispiel. Therapie hin oder her: Es lohnt sich, Kinder und deren unverfälschte Reaktionen genauer zu betrachten.

Versetzen wir uns noch einmal in die S-Bahn, diesmal aus Sicht von Marco:

Marco ist müde. Den ganzen Nachmittag beim Kinderarzt, jetzt ist er in einen Schneeanzug gepackt, der viel zu warm für die geheizte S-Bahn ist. Um ihn herum sind lauter riesige Leute, aber immerhin, er sitzt selbst auf einem eigenen Platz. Jetzt nimmt ihn der Vater ohne Vorwarnung hoch und klemmt ihn zu sich auf den Schoß. Er sieht das Gesicht des Vaters nicht mehr (er ist ja jetzt hinter seinem Rücken) und spürt nur seinen Haltegriff. Die Müdigkeit des langen Tages und der Ärger über die eigene Unbeweglichkeit machen sich in ihm Luft ...

Stefan könnte es leichter haben. Indem er nämlich Marco erklärt, warum er ihn auf seinen Schoß nimmt, hilft er sowohl sich als auch seinem Kind weiter. Erstens wird Stefan sein Handeln vorab überdenken, bevor er es begründet. Zweitens brauchen Kinder in Marcos Alter eine beschreibende Sprache, um mit neuen Situationen umzugehen. Sie können gar nicht wissen, was den Eltern alles im Kopf herumgeht: In diesem Fall geht es Stefan um Höflichkeit anderen Fahrgästen gegenüber.

Wenn Kinder von sich aus unverfälscht reagieren, lohnt sich vor dem beruhigenden Handgriff ein kurzes Innehalten: Warum nicht toben lassen? In einer vollen S-Bahn kostet das vielleicht Überwindung. In jedem Fall ist die eigene Souveränität gefordert, wenn es ohne Schimpfen oder Schlagen klappen soll.

Kinder brauchen Verständnis. Das verlangt von Eltern die mitunter hellseherische Gabe, zu sehen, was hinter der Wut steckt. Das ist inmitten des Wutanfalles schwierig. Mit Abstand aus der Höhe der *Adlerperspektive* geht es leichter. Spätestens wenn ein Kind sich öfter verweigert, sich seine Tobsuchtsanfälle häufen, beobachten Sie Ihr Kind genau. Kinder zeigen Wut, auch wenn ganz andere Gefühle in ihnen arbeiten:

- Kinder reagieren wütend, wenn sie *übermüdet* sind: zum Beispiel nach einem anstrengenden Vormittag im Kindergarten.
- Kinder reagieren wütend, wenn sie *traurig* sind: Hat das Kind einen Abschied zu verkraften, ist ein Haustier gestorben?

- Kinder reagieren wütend, wenn sie *Angst* haben oder sich hilflos fühlen: Ist die Oma schwer krank, streiten sich die Eltern?
- Kinder reagieren wütend, wenn sie sich wirklich *ärgern*: wenn das Spiel »von höherer Macht« unterbrochen wird, weil andere Leute sich in der S-Bahn auch setzen wollen, weil es Schlafenszeit ist oder weil das Kind bei Tisch das gezackte Käsemesser nicht in die Hand bekommt, das doch sooo interessant aussieht.

Das Kind sieht seine eigene Welt verletzt und kann aus der unverfälschten *Mausperspektive* noch nicht heraus und abschätzen, dass manche Verweigerung aus gutem Grund geschieht. Allerdings sollten Sie so ehrlich sich selbst gegenüber sein und entscheiden, ob manches Verbot einen Tobsuchtsanfall lohnt.

Kinder brauchen Sprache. Zeigen Sie Ihrem Kind, dass Sie für es da sind, sich gesprächsbereit halten und je nach Alter auch über Ängste, Trauer oder Konsequenzen mit ihm reden. Sie stärken Ihr Kind, wenn es die Erfahrung macht, dass Sie es auch aushalten, wenn es »unausstehlich« ist. Nicht immer haben Eltern die Kraft dazu: Dann sagen Sie Ihrem Kind deutlich, dass auch Ihre Nerven begrenzt belastbar sind.

Stefan und Martina unterstützen das Verständnis von Marco mit beschreibender Sprache:»Schau, Marco, du kannst bei mir auf dem Schoß sitzen, und andere sind genauso müde wie du. Die freuen sich doch auch, wenn sie einmal sitzen können.«

Sie können sich eine Tür zur Rückkehr offen halten:»Wenn mehr Leute aussteigen, kannst du dich wieder rübersetzen, versprochen!«

Lassen Sie nach einem Wutanfall Ihr Kind spüren, dass Sie zu ihm halten, auch wenn Sie wütend sind (vgl. Kapitel »Kleine Tyrannen suchen Halt«). Das macht Sie übrigens auch widerstandsfähig gegenüber den Erwartungen anderer: Wenn sich Marcos Eltern ihrer Sache sicher sind, lassen sie sich nicht von den neugierigen oder mitleidigen Blicken der anderen Fahrgäste verunsichern. Wer souverän mit einem Wutausbruch umgehen kann, vertreibt die vorwurfsvollen »Wie kann man das Kind nur...«-Blicke aus den Augen der anderen. Im Gegenteil: So werden die anderen Fahrgäste zu Komplizen der eigenen Erziehung. Und ein Kind spürt das.

Kinder brauchen Körperkontakt. Auch ein sooo großes Kind sehnt sich danach, in den Arm genommen zu werden, und erlebt dadurch Bestärkung und Trost. Wenn ein Kind häufig tobt und zänkisch ist, kann es auch daran liegen, dass es sich an seinen Eltern reiben und sie spüren will. Dieses Reaktionsmuster wird Sie bis in die Pubertät hinein begleiten: 14-Jährige wollen sich ablösen und erleben durch Reibung und Testen von elterlichen Reaktionen ihre eigenen Grenzen. Dennoch wollen sie spüren, dass sie gemocht werden. Körperkontakt gibt ihnen wichtigen emotionalen Halt. Kinder geben selbst Signale, wann sie kuscheln oder nur kurz in den Arm genommen werden wollen. Dann kommen Kinder durchaus von selbst und es ist spannend, dafür ein Gespür zu entwickeln. Sofern der Kontakt nicht abgebrochen ist, gilt das für das Alter mit vier wie mit 14, wenn Kuscheln und Körperkontakt zur Familienkultur gehören.

Kinder suchen Stärke und Sicherheit. In unserem Beispiel war Marco überfordert und fühlte sich überfahren. Nehmen wir einmal an, Marco würde mehrmals am Tag eine Szene machen. Wenn solche Tob-Szenen sich regelmäßig häufen, wäre zu fragen, ob Marco seinen Eltern etwas Tieferliegendes mitteilen möchte.

Sind Eltern durch eine Ehekrise oder drohende Arbeitslosigkeit belastet, leiden Kinder mit, auch wenn sie das selten so deutlich zeigen. Wenn Eltern überlastet und seelisch angeschlagen sind, werden ihre Grenzen für das Kind unberechenbar. Es reagiert verunsichert. Es spürt ihr schlechtes Gewissen, wenn die Eltern an anderer Stelle wieder freundlicher reagieren, und fragt sich, was »richtig« ist.

Für Kinder sind unsere Seelen gläsern. Kinder sind sensibel wie Seismografen und spüren, ob wir sicher oder unsicher in der Welt stehen. Auf Krisen reagieren Kleinkinder vielfach mit Aggression, ältere Kinder, besonders Mädchen, häufiger mit Rückzug. Dann ginge es für Eltern weniger darum, geeignete Erziehungsmethoden für das tobende Kind zu suchen, als vielmehr auf die dahinter liegenden Stressfaktoren zu schauen.

Es wirkt sich positiv auf die Kinder aus, wenn die Eltern ihre Probleme angehen, wenn sie sich gegebenenfalls Hilfe oder Beratung holen, wo sie selbst nicht mehr weiterwissen. Die Kinder werden ruhiger.

Wenn Sie innerlich überzeugt sind, dass Sie *für* Ihr Kind eine Grenze setzen, erlebt Ihr Kind Sie authentisch und kann diese Einschränkung leichter annehmen. Ihre Bärenhaltung sagt dann: Weil ich dich liebe, setze ich dir eine Grenze: zu deinem Schutz und zu deiner Sicherheit.

Das Thema »Grenzen setzen« werden wir noch einmal ausführlich am Ende des Buches besprechen (vgl. Kapitel »Kleine Tyrannen suchen Halt«), denn es wird Sie mindestens die nächsten 18 Jahre beschäftigen.

Entdecken Sie Ihre Luchsseite

Wutausbrüche gehören nun mal zum Kleinkindalter. Wappnen Sie sich dagegen!

Sammeln Sie einmal gemeinsam in entspannter Atmosphäre alle möglichen und unmöglichen Tricks, wie Sie Ihrem »kleinen Ungeheuer« begegnen können. Jeder von Ihnen beiden hat wahrscheinlich andere Ideen – so entsteht eine bunte Palette an Lösungen. Sie werden sehen: Im Ernstfall helfen Ihnen diese Fantasien weiter.

»Meine Mutter kann das besser!«

Vorbilder und Vorwürfe verwandeln

Erinnern Sie sich noch an Ihre erste Begegnung? Als Sie sich das erste Mal tief in die Augen sahen. Bei jedem erneuten Treffen schlug das Herz noch höher. Was war das nur, dass dieser Mann, dass diese Frau Sie so aus der Bahn warf? Was hatte er oder sie so Besonderes?

Legen Sie das Buch kurz zur Seite und schließen Sie für einen Moment die Augen. Vergegenwärtigen Sie sich die Bilder von Ihrer ersten Begegnung, bei der Sie spürten: *Du* bist jemand ganz Besonderes für mich!

Seit diesem Tag sind Monate, vielleicht Jahre vergangen. Sie sind nicht nur ein Paar geworden, sondern mittlerweile auch Eltern. Sie haben viele Seiten voneinander kennen gelernt. »Das Besondere« hat an Glanz eingebüßt (das Herz schlägt nicht mehr höher, wenn Sie ihren oder seinen Namen hören), dafür haben Sie aber tiefere Schichten voneinander entdeckt. Seit Sie Eltern sind, kommen Sie nun mit Schichten in Berührung, mit denen Sie möglicherweise nicht gerechnet haben.

In angespannten Diskussionen tauchen Vorwürfe auf, die »das Besondere«, das Sie füreinander darstellen, zunichte machen.

Die folgende Szene kennen viele junge Eltern:

> Margit stöhnt, als Jochen nach Hause kommt. »Ich halt das nicht mehr länger aus. Den ganzen Tag bin ich hinter Tina hergelaufen. Alles fasst sie an, alles reißt sie runter. Beim Einkaufen will sie ständig aus dem Buggy und beinahe wäre sie heute auf die Straße gerannt.« »Nicht schon wieder«, denkt Jochen. Laut sagt er: »Ich verstehe das nicht! Meine Mutter hat drei Kinder großgezogen! Dann kann das doch mit dem einen Kind für dich keine Schwierigkeit sein!« Jetzt kommt Margit erst richtig in Fahrt: »Du redest wie mein Vater! Ich hasse diese geringschätzigen Kommentare! Du verstehst überhaupt nicht, wie es mir geht!«

Ist es nicht erschreckend, wie schnell sich solche Vorwürfe in den Elternalltag einschleichen? Ist es das wirklich? Oder nur natürlich? Oder vielleicht ein Wink mit dem Zaunpfahl, dass wir in unserer Partnerschaft weitere Schichten hinzugewinnen können? In hitziger Atmosphäre werden wir das kaum unterscheiden können, dazu brauchen wir wieder einmal die *Adlerperspektive*.

In Vergleichen, wie Jochen sie anstellt, und Vorwürfen, wie Margit sie vorbringt, verstecken sich wichtige Informationen, die beide Partner so noch nicht kannten. Bei beiden tummeln sich aktuell die alten Elternbilder in der Seele. Im Kapitel »Wie unsere Eltern wollen wir niemals werden« haben wir bereits beschrieben, wie vielseitig unsere Elternbilder in uns wirken.

Was geht in Jochen vor sich? Als er nach Hause kommt, sieht er seine stöhnende Frau und assoziiert »Mutter«. Verschiedene Gefühle schwingen in seiner Reaktion mit. Zum einen ist er stolz auf seine Mutter, sie erzog drei Kinder. Zum anderen löst Margits Stöhnen ein unwohles Gefühl aus, das ihn in Abwehrhaltung gehen lässt – möglicherweise ist es Angst, seine Frau nicht auffangen zu können. Das legt die Frage nahe, ob Jochen als Kind manchmal (oder öfter) seine Mutter auffangen musste. – Wir können hier nur spekulieren, da wir Jochen nicht selbst fragen können.

Ob er noch »das Besondere« in Margit sieht, zweifelt diese stark an. Der Vergleich mit Jochens Mutter bringt sie zum Kochen. Auch in ihr sind mit diesem Vergleich alte Kindheitserfahrungen angerührt worden. In Bruchteilen von Sekunden tauchen in ihr Bilder auf, wie ihr Vater abwehrend und abschätzig auf seine Frau reagierte. Möglicherweise auch ihr selbst gegenüber. Als Mädchen hat sie ganz besonders sensibel Abwertungen gegenüber ihrer Mutter wahrgenommen und sich schützend vor sie gestellt.

Kinder tun das entweder tatkräftig, indem sie das gerade abgewertete Elternteil verteidigen. Oder sie schützen dieses Elternteil in der inneren Vorstellung, wenn die Gefahr zu groß ist, selbst in den Streit mit hineingezogen zu werden. In der angespannten Situation kämpfen hier also nicht mehr nur Margit und Jochen als erwachsene Personen gegeneinander, sondern ihre »inneren Kinder« führen einen alten Krieg.

Ob wir unsere Eltern als *positive* oder *negative Vorbilder* in Stresssituationen heranziehen, hängt von den eigenen Kindheitserinnerungen ab. Wenn ein Elternteil durchgängig glorifiziert wird, liegt der Schluss nahe, dass jemand als Kind dieses Elternteil entweder nicht kennen lernen konnte oder aber dieses Elternteil sehr häufig schützen musste. Ein fantastisches Vaterbild bildet sich beispielsweise heraus, wenn der Vater früh starb. In der verwundeten Kinderseele wurden wunderschöne Bilder vom »immer spielenden Papa« archiviert – an die der heutige Partner als Papa für das gemeinsame Kind niemals herankommen kann. Hatte jemand als Kind seine Mutter gegen einen »bösen« Stiefvater zu verteidigen, wird er als Erwachsener schnell das Bild der immer liebevollen Mutter kreieren und seine heutige Partnerin damit vergleichen. In beiden Fällen steht noch ein innerer Abschied von den Eltern aus. Mit dem eigenen Elternwerden wird das deutlich.

Damit der heutige Partner eine reale Chance bekommt, ist eine bewusste Auseinandersetzung mit den so sehnsüchtig geliebten Eltern nötig. Auch die Eltern damals hatten neben ihren Sonnenseiten ihre Schattenseiten. Wenn ein extrem positives Bild von einem Elternteil Sie leitet, ist es für Ihre heutige Partnerschaft hilfreich, wenn Sie sich möglichst viele Informationen über Ihre Eltern besorgen und innerlich zum vermissten oder vernachlässigten Elternteil Kontakt aufnehmen. Zum einen haben wir als Kinder vieles zwischen unseren eigenen Eltern nicht begriffen, zum anderen hilft uns das Gespräch, festgezurrte Trauer zu lösen.

Wenn der Vater oder die Mutter eines Partners permanent abgewertet wird und aufgebrachte, vielleicht sogar hasserfüllte Sätze wie »Du bist genauso grässlich wie mein Vater ...« fallen, ist ein alter Kampf mit diesem Elternteil noch nicht beendet. Die negativen Vergleiche belasten das Verhältnis der jungen Eltern in Stresssituationen doppelt: In der Retourkutsche wird der Partner an anderer Stelle kontern: »Jetzt bist du genauso ... wie dein Vater.« Der Groll auf ein Elternteil wendet sich gegen einen, wenn man genau dieses Verhalten *selbst* an den Tag legt.

Längst sind nicht mehr nur die beiden Partner im Raum, sondern der »schreckliche« Vater oder die »fürchterliche« Mutter mischen höchstpersönlich mit, selbst wenn das junge Paar Hunderte von Kilometern von ihnen entfernt wohnt. Wut und Hass binden und lassen das junge Paar ihren aktuellen Konflikt nicht frei ansehen. Alte Eltern-Folien legen sich wie Grauschleier vor das momentane Problem. So ist dieses Problem nicht mehr handhabbar, da auch hier zwei Kinderseelen mit alten Verletzungen kämpfen. Eine Lösung, die beide Erwachsene finden könnten, rückt in weite Ferne.

Wenn Sie spüren, dass Groll auf Ihre Eltern Sie häufig einholt, ist es hilfreich, heute als Erwachsener nochmals mit der Familie Ihrer Kindheit Kontakt aufzunehmen. Vielleicht sind die Eltern selbst zu Gesprächen bereit und erzählen Ihnen von früher. Möglicherweise sehen Ihre Eltern Sie nicht mehr als Kind, sondern nehmen Sie als Erwachsenen ernst, da Sie jetzt selbst in der Elternrolle sind. Einen Versuch wär's auf alle Fälle wert!

Aus der *Adlerperspektive* können Sie heute Ereignisse benennen, erklären, manchmal auch Dinge ansprechen, die Ihnen in Ihrer Kindheit Schmerzen zugefügt haben. Oder Sie lassen sich über ältere Geschwister, Onkel oder Tanten erzählen, was damals in Ihrer Familie los war.

Jetzt, da Sie selbst Eltern sind, erleben Sie, dass Sie mit Ihrem Kind manchmal unwilliger oder abweisender umgehen, als Sie dies eigentlich möchten. Auch Ihre Eltern waren damals sicherlich an vielen Stellen überfordert. Haben Sie schon einmal überlegt, wie alt Ihre Eltern waren, als sie ihr erstes Kind bekamen? Während heute eine Frau beim ersten Kind im Durchschnitt 30 Jahre alt ist, bekamen die Mütter in den 60er-Jahren das erste Kind durchschnittlich mit 25!* Wir dürfen vermuten, dass auch unsere Eltern beim Erziehen mitunter ins Schlingern gekommen sind. Das entschuldigt entstandene Wunden nicht, unser Verständnis lässt sie aber langsam heilen.

Wenn Sie das Leben Ihrer Eltern, ihre Kindheit, ihre Jugend, ihre Elternphase besser verstehen, wird es leichter, auch schwierige Eltern zu achten. Wo der Blick in die Vergangenheit ruhig wird, sich vielleicht sogar liebevoll färbt, ist ein innerer Abschied aus der Kindheit möglich und der Weg zu freien Re-

---

* Bundesministerium für Familie, Senioren, Frauen und Jugend: *Die Familie im Spiegel der amtlichen Statistik*, Berlin 2003, S. 77

aktionen in der Partnerschaft offen. Unbewusste Verwechslungen des Partners mit Elternbildern werden weniger und Sie werden »das Besondere« Ihres Partners/Ihrer Partnerin wieder leichter entdecken.

Wenn sich unser Paar Margit und Jochen über die jeweiligen Elternbilder austauscht und zunehmend voneinander weiß, wann sich bei ihnen ein innerer Schalter umlegt, werden die beiden über Szenen wie oben schmunzeln oder sie sogleich abfangen können.

Wenn Jochen schnell genug bewusst geworden wäre, dass sich ein altes Mutterbild vor seine Frau schiebt, hätte er direkter auf Margits Stöhnen und auf seine Überforderung reagieren können. Er hätte beispielsweise sagen können: »Langsam, ich bin noch nicht einmal richtig angekommen. Stimmt, das ist zur Zeit schrecklich. Ich hab das am vergangenen Wochenende auch mit Tina erlebt.«

Selbst wenn Jochen seinen Mutter-Spruch sich nicht verkneifen konnte, hätte Margit der heranwalzenden Mutter-Ikone ausweichen können. Zum Beispiel indem sie sich vor Jochen hinstellt und etwas herausfordernd blinzelnd sagt: »Hei, schau mich an, ich bin Margit, Mutter deiner einzigen Tochter und trotzdem geschafft. Was sagst du jetzt?«

Zugegeben, wer einen anstrengenden Tag hinter sich hat, reagiert vielleicht nicht mehr so schlagfertig, doch auch eine schärfere Reaktion, die bei der Sache bleibt, lässt sich leichter auffangen als ein Schlagabtausch, der mit Elternbildern gespickt ist.

Die Kunst der Unterscheidung I: Beziehung

Nehmen Sie sich für folgende Fragen zunächst allein Zeit:

- Mit welchen Eigenschaften erinnerst du mich an meinen Vater/meine Mutter?
- Welche Eigenschaften unterscheiden dich absolut von meinem Vater/meiner Mutter?
- Über welche deiner ganz besonderen Eigenschaften freue ich mich am meisten?

Schreiben Sie Ihre Gedanken auf und tauschen Sie sich danach mit Ihrem Partner/Ihrer Partnerin aus. Entscheiden Sie selbst, welche Gedanken Sie Ihrem Partner mitteilen wollen und was (noch) nicht.

Die Kunst der Unterscheidung II: Erziehung

Nehmen Sie sich für folgende Fragen zunächst allein Zeit:

- Was möchte ich von meiner Mutter in der Kindererziehung/für unsere Familie übernehmen?
- Was möchte ich von meinem Vater in der Kindererziehung/für unsere Familie übernehmen?
- Was möchte ich anders machen als meine Mutter/mein Vater?

Schreiben Sie Ihre Gedanken auf und tauschen Sie sich danach mit Ihrem Partner/Ihrer Partnerin aus. Entscheiden Sie selbst, welche Gedanken Sie Ihrem Partner mitteilen wollen und was (noch) nicht.

Kinder, ab ins Ehebett!

Erotikkillern auf der Spur

Sind Sie bereits Mitglied im Club der schlaf- und sexlosen Eltern? Selbst heiß verliebte Paare lassen Federn, wenn die neue Rund-um-die-Uhr-Verantwortung für das Baby an ihren Kräften nagt. Untersuchungen belegen, dass mit der Familiengründung die Zufriedenheit in der Partnerschaft sinkt. Die Hälfte aller Eltern ist nach vier Familienjahren in der Partnerschaft unglücklicher als zu Beginn, kinderlose Paare trifft das im gleichen Zeitraum nur zu 14 Prozent.* Das spiegelt sich auch im Sex, wie hier bei Florian und Lisa:

> Florian (39) und Lisa (36) erzählen in einem Beratungsgespräch unisono: »Wir haben schon lange keinen Sex mehr, wie soll das auch gehen, wenn die Kleine Nacht für Nacht in unserem Bett liegt.« Beide schildern ihre Bemühungen, Klein Julia an ihr eigenes Bett zu gewöhnen – und das seit acht Jahren.
> Was ist schief gelaufen? Erst holte Lisa Julia zum Stillen ins Bett. Florian war in Julias erstem Lebensjahr beruflich viel unterwegs – auch nachts. Da ließ Lisa die Tochter gleich neben sich liegen. Es war keiner da, den das störte, und so einsam, wie sich Lisa fühlte, tat ihr Julias Nähe auch gut. Mit den Monaten häufte sich viel Frust zwischen Florian und Lisa an. Sie warf ihm vor, dass er nie

---

* Barbara Reichle: *Wir werden Familie. Ein Kurs zur Vorbereitung auf die erste Elternschaft*, Weinheim 1999, S. 16

daheim wäre, er war verärgert, weil sie ihn zurückwies, wenn er mal zu Hause war. So hatten beide wenig einzuwenden, wenn Julia, mittlerweile zehn Monate alt, genüsslich zwischen ihnen lag.

Mit 15 Monaten versuchten die Eltern erstmals, Julia an ihr eigenes Bett zu gewöhnen, denn es wurde zusehends eng im Ehebett. Doch Julia schrie so lange, bis die Eltern sie wieder im großen Bett einschlafen ließen. Nach wenigen Tagen gab Lisa ganz auf – Florian war dienstlich wieder einmal verreist – wofür sollte sie sich den Stress antun? Florian machte danach nochmals einen Anlauf, doch tat ihm seine Tochter, die er so selten sah, Leid und die Aktion verlief im Sande.

Mit den Jahren gewöhnten sich die Eltern an ihren nächtlichen Gast – sie legten sich ein extrabreites Bett zu. Und wenn sich die verschüttete Liebesbeziehung nochmals als Wut meldete und wieder in Abweisung endete, waren beide letztlich froh, dass Julia zwischen ihnen lag.

Wie Florian und Lisa schon viel früher ihre Liebesbeziehung auf eine Insel hätten retten können, werden wir später zeigen. Zunächst werfen wir einen Blick auf Julia:

Genau betrachtet gerät hier das Kind in eine Beziehungsfalle. Julia kann nicht überblicken, wie sie einen elterlichen Konflikt verschärft und welche Folgen ihr Verhalten hat: *Kein* Kind würde auch nur eine Nacht zwischen seinen Eltern liegen, wenn es wüsste, dass es damit die Liebesbeziehung der Eltern irritiert oder gar gefährdet. Kinder wünschen sich nichts sehnlicher, als dass sie beide Eltern lieben und mit beiden gemeinsam aufwachsen dürfen. Doch haben sie keine Ahnung, dass sie hier genau das behindern.

Machen Sie daher niemals Ihr Kind für das Übernachten im Ehebett verantwortlich! Es kann nicht die Verantwortung für Ihr Eheglück tragen. *Sie* entscheiden, wen Sie in Ihr Bett lassen! Kinder haben nur dann eine Chance, das Elternbett zu erobern, wenn einer oder beide Partner dies zulassen. Wenn sich ein Kind nach dem siebten Lebensmonat an das Elternbett gewöhnt hat, wird es nicht lautlos den Platz räumen. Das ist das Alter, in dem das erste Beziehungstesten unserer Kinder beginnt (vgl. Kapitel »Kleine Tyrannen suchen Halt«). Wenn Eltern klar ist, wozu sie diesen Aufwand betreiben, werden Sie auch die innere Überzeugungskraft entwickeln, die das Kind mit seinen feinen Antennen spürt.

So können Sie vorgehen:

- Damit es gar nicht erst so weit kommt, legen Sie bereits das Neugeborene in ein separates Bettchen oder auf eine separate Matratze neben Ihrem Bett.
- Wenn sich Ihr Kind bereits an Ihr Bett gewöhnt hat, reden Sie mit ihm *bei Tag*, dass es in der Nacht in seinem Bett schlafen wird. Unabhängig davon, ob es dies bereits bewusst versteht, sagen Sie mit Ihrer Körpersprache die viel entscheidendere Botschaft: Beide Eltern wollen ihr Bett für sich haben. »In der Nacht ist das Mamas und Papas Bett und am Morgen darfst du uns besuchen.«
- Richten Sie mit Ihrem kleinen Kind das Kinderbett ein: Das ist dein Bett. Soll noch jemand bei dir im Bett schlafen, zum Beispiel dein Lieblingskuscheltier?
- Halten Sie ein Abendritual ein und besprechen Sie jedes Mal, dass Ihr Kind nun in seinem Bett schlafen wird. Beschreibende Sprache hilft dem Kind, sein Leben zu verstehen.
- Vereinbaren Sie, wer Ihr Kind beruhigen wird, wenn es wach wird, zum Beispiel abwechselnd: »Heute ist Papa-Tag« – »Morgen ist Mama-Tag«.
- Und wenn Ihr Kind am späten Abend aufwacht, sagen Sie ihm: »Nein, es ist jetzt Nacht. In der Nacht schläft jeder in seinem Bett! Ich bin müde, Papa bzw. Mama ist müde! Morgen Früh, wenn es hell wird, darfst du zu uns kommen.«

Doch wozu die ganze Anstrengung? Weil Ihr Bett früher der schönste Ort Ihrer Partnerschaft war? Weil Sie einen Raum brauchen, der nur Ihnen gehört? Weil Sie Lust haben, Ihre Lust wieder zu entdecken?

Entdecken Sie Erotik neu!

Nach der Geburt des ersten Kindes ist die sexuelle Beziehung zwischen Mann und Frau sehr verletzlich. Viele Männer wünschen sich mehr Sex als ihre Frauen, woraus der Schluss gezogen wird, dass Männer eben mehr Lust hätten als Frauen. Frauen haben nicht weniger Lust als Männer, sind aber als junge Mütter mehr Erotikkillern ausgesetzt. Rein organisch wäre Sex bereits nach Ende des Wochenflusses wieder lustvoll erlebbar. Länger dauert es natürlich, wenn Verletzungen durch die Geburt noch schmerzen. Doch das ist nicht der einzige Punkt. Sinnliche Gefühle entstehen durch Sinneseindrücke – und die werden mächtig abgelenkt:

- Ein *Ohr* lauscht permanent, ob dem Kind was fehlt. Das führt zu einem durchgängig leicht erhöhten Adrenalinspiegel bei der Frau. In dieser Hab-Acht-Stellung wird sie kaum über Sexstellungen fantasieren.
- Ein *Auge* schweift herum und überprüft die häusliche Ordnung – ist ja jetzt ihr Ressort. Ein mit Wickeltisch und Babysachen voll gestelltes Zimmer sowie womöglich Berge von unaufgeräumten Klamotten turnen leicht ab.
- Die *Nase* ist durch den Geruch säuerlicher Milch betäubt – doch das merkt sie schon gar nicht mehr. Die Nase ist das einzige Sinnesorgan, dass sich quasi ausschaltet, wenn monoton ein und derselbe Reiz wirkt.

- Auch der *Tastsinn* wird irritiert. Vielleicht liegt im Ehebett eine verkrümelte Babydecke oder die zärtlich tastende Hand stößt auf einen verloren geglaubten Schnuller.

- Die *Stimme* hat ein Seufz-Stöhn-Schrei-Verbot erteilt bekommen – das Baby könnte ja aufwachen! Und womöglich knarrt das Bett bei jeder Bewegung – das sperrt die Lust in enge Schranken.

- Eine *Großhirnhälfte* ist mit der pünktlichen Erledigung des Arbeitspensums beschäftigt – wie sich das gehört am Arbeitsplatz! Und die eigene Wohnung, also auch das Schlafzimmer, ist nun mal der neue Arbeitsplatz der meisten Frauen.

- Beide *Brüste* sind gerade mit der Produktion von Babynahrung beschäftigt – berührt der Mann sie, kommt das schon wieder Sex am Arbeitsplatz gleich.

- Das *Stammhirn* schaltet sofort auf »Nachtabsenkung«, sobald die Frau liegt, denn es sorgt dafür, dass sie die permanente Übermüdung abbaut. Schlafentzug und -unterbrechungen sind in totalitären Staaten gefürchtete Foltermethoden – als junge Eltern nimmt man diese Qualen monate-, manchmal sogar jahrelang in Kauf.

- Der *Körper* fühlt sich seit der Schwangerschaft verändert an. Die veränderten Proportionen wirken irritierend; die durch die Schwangerschaft gedehnte Bauchdecke hat sich noch nicht zurückgebildet. Oft vergehen Monate, bis die Frau wieder ihr ursprüngliches Gewicht erreicht. »Das bin nicht mehr ich«, sagen manche. »Ich fühle mich in meinem Körper nicht mehr als Frau.«

- Und last, not least gibt's da noch die *Angst*, unverhofft schnell wieder schwanger zu werden.

So, Schluss mit frustig! Es gibt viele Wege, miteinander aus der Lustlosigkeit wieder aufzutauchen. Zunächst ein paar *Ideen für IHN:*

- Lassen Sie Ihre Frau mehr denn je spüren, dass Sie sie schön und attraktiv finden – umso schneller mag sie sich selber und blüht wieder auf.
- Nach abstinenten Zeiten lieben Frauen verführerische Umwege auf dem Weg zum Orgasmus – kurzer Routine-Einschlaf-Sex ist out.
- Wann haben Sie sich zuletzt an einem ganz ungewöhnlichen Ort oder mal verrückt anders geliebt? Wer von Ihnen zuerst den Kopf wieder etwas freier hat, könnte seiner Fantasie freien Lauf lassen.
- Flüstern Sie Ihrer Frau ins Ohr: »Komm, lass dich fallen, ich höre unser Kind und ich werde mich im Ernstfall kümmern«, machen Sie ihr eine Liebeserklärung, die jedes »Ich liebe dich« und alle Blumen um Klassen übertrifft.
- Verwöhnen Sie Ihre Frau mit Massageöl – aber bitte wählen Sie eine andere Duftnote als die, die Sie bei der Babymassage verwenden. Das Babyöl ist inzwischen fest mit Babypflege und Verantwortung gekoppelt – also absolut kontraproduktiv. In unserem Gehirn koppeln wir Gerüche mit Situationen. Vielleicht finden Sie eine Körperlotion oder ein Öl, das Sie an Ihr erstes Treffen oder an Abende vor der Schwangerschaft erinnert – das ist ganz sicher lustvoll geankert.
- Erst ein, dann zwei, dann drei Kinder sorgen dafür, dass eine Mutter von früh bis spät betatscht wird. So viel Berührung kann dazu führen, dass die Frau erst einmal Abstand braucht, bevor sie die Hände ihres Mannes auf ihrer Haut als lustvoll erleben kann. Wahrscheinlich wünscht sie sich von ihrem Partner Berührungen, die sich deutlich von den Liebkosungen der Kinder unterscheiden – stimulierende Signale, die sie anregen, sich als Frau zu fühlen. Fragen Sie nach!
- Ein Still-Busen muss kein Liebeshindernis sein. Vielleicht ist Ihre Frau geradezu stolz, Ihnen einen richtig großen Busen zu zeigen, von dem sie immer schon träumte. Finden Sie es heraus!

- Richten Sie Ihr Schlafzimmer oder eine andere Liebesinsel in Ihrer Wohnung so ein, dass sie weder an Haushalt noch an Kind denken muss. Das ist vor allem für Frauen wichtig, die stark auf visuelle Reize reagieren.
- Die Angst vor einer erneuten Schwangerschaft kann beide Partner belasten – sprechen Sie das Thema Verhütung offen an. Besonders wenn Sie eine bislang sichere Verhütungsmethode augenblicklich nicht nützen können (zum Beispiel Pille während der Stillzeit), brauchen Sie eine neue Absprache.

Glauben Sie ja nicht, dass es nur die Variante gibt, dass die Frau keinen Sex will und der Mann vor Lust platzt. Diese These wird in Zeitschriften wie Ratgebern gebetsmühlenartig wiederholt. Paare, die das Gegenteil erleben, fühlen sich doppelt ausgegrenzt, manche sogar schuldig. Nicht nur, dass die Lust im Keller kauert, man zweifelt an der eigenen Normalität. Da sich bei den wenigsten Männern der Lebensrhythmus und der Arbeitsplatz ändern, verstecken sich Sexkiller für Männer meistens im Kopf:

- Auch den Mann kann eine erneute Schwangerschaft lähmen, zum Beispiel wenn die erste Schwangerschaft ihn überraschte. Möglicherweise behindern unterschiedliche Kinderwunschvorstellungen Ihre erotische Beziehung. Sprechen Sie offen darüber, wie sicher für Sie beide die zukünftige Verhütung sein muss, damit Sie sich beide fallen lassen können.
- Der Mann erlebt seine Frau erstmals als Mutter und es fällt ihm schwer, zwischen seiner Frau und seiner Mutter zu unterscheiden. Das kann die Frau natürlich noch wunderbar verstärken: Sie muss ihn nur häufig genug auf Fehler und Unterlassungen hinweisen, so dass sein Schulbuben-Gewissen reaktiviert wird – und schon schaut »Er« ebenfalls wie ein Schulbub drein.

- Erlegt sich der Mann einen zwölfstündigen Arbeitstag auf, schaltet auch sein Stammhirn auf Not-Aus. Mangelnde Lust bis hin zur Impotenz gehören zu den typischen Managerleiden.
- Bilder und Gefühle, die mit der Geburt entstanden sind, können männliche Lust bremsen. Klassischerweise wird hier das Miterleben des Geburtsvorgangs genannt. Doch können auch völlig neue Gefühle den Mann aus seiner stürmischen Lust reißen. Das Geburtserlebnis kann bei ihm eine bislang unbekannte zarte Seite wecken. Dann braucht der Mann einige Zeit, um seine angriffslustige Seite wieder aufleben zu lassen.
- Durch die Familiengründung ist eine scheinbar untrügliche Sicherheit in der Beziehung entstanden, die den Jagdtrieb im Mann lahm legt. Die emotionale Überversorgung macht ihn mental impotent: Er bemüht sich nicht mehr um seine Frau.
- Was den Mann außerdem ärgert: Nicht mehr er bestimmt das Liebesleben, sondern das Kind. Das lässt für die Erotik Randzeiten übrig.

Jetzt ein paar *Tipps für SIE:*

- Nichts ist der Lust so abträglich wie Diskussionen über fehlende Lust. Ob am Küchentisch, auf dem Sofa oder gar im Bett, solche Ursachenforschungen bringen meist nur weitere Zerwürfnisse. Auch wenn in vielen anderen Konflikten Gespräche hilfreich sind, hier bringt Reden nichts! Entführen Sie Ihren Mann in eine Umgebung, wo Ihre »alten« erotischen Erlebnisse wieder aufleben können! Gelingt es Ihnen, den Erwartungsdruck rauszunehmen und die Zeit zu zweit zu genießen, hatten Sie zumindest einen schönen Abend – vielleicht sogar eine lustvolle Nacht.
- Wenn der Mann keine Lust hat, steckt die Frau oft in einem Dilemma: Sie würde den Mann gerne locken, doch das bewirkt häufig das Gegenteil: Der Mann zieht sich zurück,

denn er möchte selbst Eroberer sein. Abwarten und Tee trinken – was die beste Freundin einem raten würde – fällt schwer. Trotzdem: Sie erhöhen Ihre Chance auf glücklichen Sex, wenn Sie sich zuerst um sich selbst kümmern: mit schöner Kleidung, Selbstbefriedigung oder harmlosen Flirts, die Ihnen zeigen, dass Sie als Frau durchaus noch attraktiv sind.

- Begrüßungen wie »Mein Gott, wieso kommst du schon wieder so spät« sind bestens geeignet, erste Ansätze von Lust wieder abzutöten. Wünschen Sie sich, dass Ihr Mann früher, präsenter, lustvoller heimkommt, überlegen Sie sich ein Ankunftsritual, das Sie miteinander landen lässt, bevor wieder Ihr Kind den ganzen Raum einnimmt – zum Beispiel eine Tasse Tee auf dem Sofa.

- Paare, die lange schon miteinander leben, machen die Erfahrung, dass es einen »Sex-Biorhythmus« gibt: Phasen mit viel Lust und Phasen mit wenig Lust. Nur keine Panik – Sie haben noch lustvolle Jahrzehnte vor sich. Je gelassener Sie seine Lustlosigkeit nehmen können und in der Zwischenzeit sich liebevoll um Ihren Körper kümmern, desto früher wird er wieder aus dem Jungvaterschlaf erwachen.

- Wenn die Partnerschaft zum Zeitpunkt der Familiengründung noch recht jung ist, befürchten manche Paare, dass die Lust für immer verloren gegangen ist. Wir möchten Sie ermutigen: Solange Sie am Ball bleiben und für Ihre Paarbeziehung immer wieder Räume freischaufeln, stehen Ihre Chancen gut, eine befriedigende sexuelle Beziehung zurückzugewinnen.

Und nach diesen ganzen Tipps und Ratschlägen nehmen wir uns im nächsten Kapitel etwas zurück: Zu viele oder falsche Ratschläge können nämlich auch nerven.

Verwöhnstunden

Wenn Sie »Erotikkiller« in Ihrer Umgebung erkennen, ist schon viel gewonnen! Manche Paare mögen darüber reden, andere ziehen es vor, dass unausgesprochen jeder seinen Beitrag zu einer befriedigenden Erotik leistet.

Es sind oft *kleine Gesten*, die das Leben leichter machen. Belohnen Sie sich damit!

Wenn Sie Ihr Repertoire erweitern wollen, bekommt einmal der eine die Gelegenheit, Verwöhnstunden zu gestalten, einmal der andere.

So wird Ihre Liebesinsel wachsen.

Ratschläge sind auch Schläge

Freunde – Fremde – Fachliteratur

Nichts Schlimmeres als ungebetene Ratschläge! Die Schwiegermutter steht als Prototyp für den ungebetenen Ratgeber, doch vom Kinderarzt bis zur besten Freundin, von der Brotverkäuferin bis zur Elternzeitschrift bieten sich uns unzählige Helfer an, die ihr Wissen und ihre Erfahrung an den Mann bzw. an die Frau bringen wollen. Dennoch würden uns diese Ratschläge nicht so auf die Palme bringen, wenn wir nicht mit der eigenen Unsicherheit zu kämpfen hätten. In zehn Jahren werden Sie auf ungefragte Tipps locker reagieren können, jetzt in der ersten Zeit mit dem Kind geht es Ihnen manchmal so wie Wolfgang und Christina.

Wolfgang und Christina fahren mit Judith (15 Monate) nach Italien. Gemeinsam mit zwei befreundeten Familien, deren Kinder gleich alt sind, haben sie ein Ferienhaus gemietet. Freundin Martina hat ihre Eltern mitgenommen, die ein benachbartes Appartement bewohnen. Die Familien genießen die Landschaft und die Wärme – und sie erhoffen sich einen angenehmen Urlaub, in dem die Kinder miteinander spielen können, wodurch auch mal Zeit für das eine oder andere Paar bleibt, sich allein abzusetzen.

Beim ersten gemeinsamen Frühstück, das eine Familie für alle gerichtet hat, mag Judith nichts essen. Sie mag kein Weißbrot, sie will Joghurt essen! Ihre Mutter Christina erklärt Judith, dass kein

Joghurt im Haus ist, was Judith nicht abhält, den Joghurt immer
lauter zu fordern. Vater Wolfgang ist die Situation peinlich, er
versucht sie zu beschwichtigen. Martinas Tochter isst in aller
Seelenruhe das gebutterte Weißbrot. Sie spürt wohl, wie sie
punkten kann. Freundin Martina tönt, dass Essen in ihrer Familie
kein Problem sei ...

Unterbrechen wir an dieser Stelle dieses Beispiel und schauen
wir uns an, wie Freunde miteinander umgehen können, wenn
Kinder im Spiel sind.

Im *Austausch mit Freunden* geht es darum, eine gute Balance zu
finden zwischen sich raushalten und Beobachtungen mitteilen.
So schwer es oft in der eigenen Familie fällt, vertrackte Teufels-
kreise zu erkennen, so leicht fallen Fehler und Stolperfallen bei
anderen auf. Ein Hinweis bei Freunden verlangt viel Finger-
spitzengefühl. Eltern können einander unterstützen, indem sie
sich Erfahrungen erzählen, zum Beispiel: »Wir bringen unser
Kind so (...) ins Bett.« Doch dürfen sie nicht erwarten, dass ihr
eigenes Erziehungsverhalten auf andere Familien übertragbar
ist. Ein Satz wie »Wenn ihr es so machen würdet wie wir, hättet
ihr den ganzen Ärger nicht« kann bereits als Einmischung in
die Intimsphäre einer Familie empfunden werden. Jedes Fami-
liengefüge ist so unterschiedlich, dass eine hier passende Lösung dort womöglich nicht funktioniert.

Vertreten Sie *Ihre Meinung* nach außen, soweit es *Ihre* Familie betrifft! Das ist eine wichtige Aufgabe, die wir als Eltern lernen: einen Schutzwall um die junge Familie zu bauen. Sie als
Paar bestimmen, wie Sie leben, und nicht die Schwiegermutter, nicht die beste Freundin oder der väterliche Freund – so
gut sie es auch meinen. Wenn Sie eine gemeinsame Zukunft
haben wollen, geht es darum, dass Sie Ihren gemeinsamen Stil
finden und nicht den Stil eines Außenstehenden nachzuahmen
versuchen. Eine Übung für Fortgeschrittene: Lernen Sie zu
kontern, wenn spitze Ratschläge kommen.

145

Alle jungen Elternpaare sind auf der Suche nach ihrem *eigenen Erziehungsstil*. Es gibt nicht das »bessere Erziehungskonzept«, sondern nur für bestimmte Familien passende: Denn jede Person in der Familie ist einzigartig. Wenn beide Eltern Nachteulen sind, werden sie ihr Kind vielleicht an einen späten Einschlafrhythmus gewöhnen. In einer anderen Familie kann 19 Uhr als Bettgehzeit optimal sein. Dieser Unterschied gilt nicht nur für Zeiten, sondern auch für Personen: In der einen Familie bringen die Eltern das Kind abwechselnd ins Bett, in der anderen macht dies immer der Papa oder stets die Mama.

Je länger Sie und Ihr Kind einander kennen, desto mehr werden Sie Ihrer eigenen Intuition vertrauen lernen. Da Ihr Kind zunächst noch nicht sagen kann, was es sich von Ihnen wünscht, schulen Sie automatisch Ihre Augen, Ihre Ohren, Ihr Gespür. Erzählen Sie einander Ihre Entdeckungen! Diese *Sensibilität für Körpersprache* können Sie in Zukunft auch anderweitig nutzen: in Konferenzen, Kundengesprächen und im Kollegenkreis.

Der Austausch zwischen Müttern in der *Mutter-Kind-Gruppe* bietet unter anderem Raum, um angesammelten Frust loszuwerden. Als Mütter gemeinsam über die mögliche fehlende Beteiligung der Männer in der Erziehung zu klagen kann – zumindest kurzfristig – entlastend wirken: Anderen geht es auch so wie mir! Allerdings ist Ärger eine *Bärenenergie*, die etwas bewirken könnte: Fließt diese Energie aus der Partnerschaft ab in die Frauenrunde, erlebt der Mann zwar eine regenerierte Frau. Das Problem, das die Unzufriedenheit auslöste, ist aber nicht behoben. Wenn Ihnen an einem partnerschaftlichen Miteinander gelegen ist, achten Sie darauf, dass der Ärger als Veränderungsenergie Ihrer Partnerschaft zufließt: Finden Sie mit Ihrem Partner eine für Sie beide zufrieden stellende Vereinbarung. (Vgl. Kapitel »Warten, warten, nichts als warten!«)

Väterrunden gibt es ausgesprochen selten – obwohl viele Männer in Einzelgesprächen sagen, dass sie sich einen intensiveren Austausch mit anderen Vätern wünschen würden. Sicherlich hängt dies mit der Berufstätigkeit der meisten Väter zusammen: Da bleibt in der Familiengründungsphase keine Zeit, um neue Kontakte zu knüpfen. Wenn beide Eltern arbeiten, nutzen sie häufig Krabbelstuben. Das ist eine Chance für Väter: Hier treffen sie oft auf andere Väter. Bei Festen und Renovier-Aktionen entstehen ebenfalls mitunter Freundschaften, die so stabil sind, dass auch Männer Erziehungsfragen diskutieren.

Wie viele *Erziehungsratgeber* haben Sie bereits gelesen? Wenn Sie bisher wenig Kontakt zu Kindern hatten und sich eher unsicher fühlen, wohl schon einige. Dabei werden Sie die Erfahrung gemacht haben, dass Sie ganz unterschiedliche Tipps auf Ihre Fragen erhalten, oft sogar gegenläufige. Lassen Sie sich davon nicht verwirren! Nutzen Sie die Anregungen, um darüber zu diskutieren. Spüren Sie bereits beim Lesen, dann aber auch beim Ausprobieren »neuer Erziehungsmethoden« in sich nach, ob diese Vorschläge für Sie und Ihr Kind passen. Dabei werden Sie feststellen, dass Sie als Mutter mit dem einen Erziehungstipp besser zurechtkommen als Sie als Vater. Der eine wird sich zum Beispiel in Auseinandersetzungen mit dem Kind eher zupackend zeigen, der andere zieht sich lieber zurück. Diese Eigenheiten gehören zu Ihnen und Ihr Kind lernt Sie als unterschiedliche Charaktere kennen. Für Ihr Kind ist lediglich entscheidend, dass Ihre Erziehung in die gleiche Richtung geht, auch wenn Sie unterschiedliche Wege hierfür wählen. (Vgl. Kapitel »Kleine Tyrannen suchen Halt«)

Ihre Eltern werden Ihnen nochmals von anderen Ideen und Methoden erzählen, die zu ihrer Zeit modern waren. Über Einsichten in Erziehungsratgebern der 70er-Jahre würden Sie heute oft schmunzeln oder manches würde Sie sogar auf die Palme bringen. Das erleben beispielsweise auch Kindergärten, wo ganz junge Erzieherinnen und ältere Erzieherinnen, die nach Jahren in den Beruf zurückkehren, aufeinander treffen.

Denn auch die pädagogischen oder psychologischen Konzepte sind im Wandel und unterschiedliche Schulen konkurrieren miteinander.

Als Eltern sind Sie die wichtigsten Personen im Leben Ihres Kindes. Egal, ob Sie viel oder wenig Zeit mit Ihrem Kind verbringen, gezielt oder auch nur unabsichtlich pädagogisch tätig werden – Ihr Kind hat zu Ihnen als Eltern eine ganz ursprüngliche Liebesbeziehung. Diese Beziehung wächst von Tag zu Tag, wenn Ihr Kind von Ihnen spürt: »Du kannst dich auf mich verlassen«, und wenn es erlebt: »Ich setze mich mit dir auseinander, egal, wie du dich verhältst.« Das kann beispielsweise auch heißen: »Weil ich dich liebe, mute ich dir heute einen Babysitter zu, damit dir deine Eltern als Paar noch lange erhalten bleiben.« Oder auch: »Weil ich dich liebe, sage ich jetzt ›Nein‹, denn in dieser Sache trage ich für dich noch die Verantwortung.«

Noch einmal zurück zu unserem Mehrfamilien-Urlaubsbeispiel:

> Judith quengelt noch immer nach einem Joghurt. Da mischt sich Martinas Mutter ein: So etwas hätte es zu ihrer Zeit nicht gegeben. Martina versucht ihre Mutter zu bremsen, auch ihrem Mann ist die Situation sichtlich unangenehm. Christina wirft Wolfgang einen Blick zu, der sagt: »Lass laufen, sie beruhigt sich schon wieder«, und wendet sich betont gelassen ihrem Frühstück zu. Wolfgang grinst und löst die Situation paradox: »Magst du dein Brot noch, Judith? Gib's mir, wenn du es nicht mehr magst. Es gibt zwar keinen Joghurt, aber zumindest ich habe dann genügend Brot.« Judith verteidigt daraufhin schlagartig ihr Brot. Sie kennt bereits Papas Frühstückshunger und weiß, dass er ernst machen würde ...

Dieses Buch wäre kein Ratgeber, wenn es nicht auch Ratschläge beinhalten würde. Wir wünschen uns, dass Sie alles, was wir Ihnen vorschlagen, auf Ihre Lebenssituation hin überprüfen. Was Ihnen gut tut, nehmen Sie mit – den Rest lassen Sie hier im Buch zurück!

Anregung zum Zwiegespräch

Die in diesem Kapitel aufgeführten Aspekte beinhalten reichlich Gesprächsstoff.

- Einige dieser Anregungen sind für Sie wohl hilfreich, andere treffen möglicherweise Ihre persönliche Situation weniger.
- Lesen Sie die einzelnen Punkte nochmals durch und greifen Sie diejenigen heraus, die Sie aktuell betreffen.
- Lassen Sie sich von den Anregungen inspirieren und treffen Sie Ihre ganz persönliche Vereinbarung – eventuell schriftlich auf Karteikarten. So entsteht Ihr persönlicher Ratgeber!

Schaffe, schaffe, Häusle baue!

Großprojekte mit Langzeitwirkung

Die typische deutsche Jungfamilie lebt im Grünen in einem neu gebauten Haus, das möglichst frei steht. Es bietet Auslauf für die Kinder, freien Blick in die unberührte Natur und ist nur wenige Fahrminuten vom Arbeitsplatz des Mannes entfernt. So werben zumindest die Banken, so sehen es die staatlichen Fördergelder vor, so lebten oder träumten die eigenen Eltern.

Die Familiengründung ist scheinbar der ideale Zeitpunkt, um sein Leben auf steinernen Grund zu stellen. Mit dem Kind ist die Partnerschaft tragfähig genug, um eine so langfristige Bindung wie die Abzahlung eines Hauses riskieren zu können. Darüber denken auch Harald und Bärbel nach:

Harald (32) und Bärbel (29) mieten seit sechs Jahren eine Dreizimmerwohnung in der Stadt. Bislang sind sie in ihrer Freizeit viel unterwegs: im Theater, auf dem Motorrad, am Wochenende in den Bergen. Als Bärbel ein Kind erwartet, überlegen sie beide, dass die Wohnung bald zu klein werden wird. Bärbels Eltern bringen Werte ins Spiel: Sie haben gleich ein Baugrundstück angeboten, das neben ihrem Haus liegt. Bärbels Familie könnte auch einen Bausparvertrag beisteuern. Haralds Vater nahm seinen Sohn kürzlich zur Seite und fragte ihn vorsichtig, ob er auch für seine künftige Familie ordentlich sorgen könnte.

Während der Schwangerschaft wollen Harald und Bärbel sich nicht hetzen lassen, doch als ihr Sohn Benjamin ein halbes Jahr alt ist, wird der Ruf nach einer größeren Wohnung lauter.

Viele Überlegungen knüpfen sich an die Frage, wie man als Familie wohnen möchte. Je nachdem, wie lange ein Paar sich bereits mit dem Kinderwunsch auseinander setzt, hat es schon besprochen, ob ein Haus hersoll, eine Eigentumswohnung oder eine neue Mietwohnung.

Harald und Bärbel möchten sich diese weitreichende Entscheidung genau überlegen. Deshalb haben sie sieben Gesprächsabende vereinbart, die sie einhalten, selbst wenn sie abends erschreckend müde sind. Denn es soll eine gute Entscheidung werden, die sie auch in 20 Jahren nicht bereuen.

Gespräch 1: Wohin wollen wir ziehen?

Für Harald kam das Angebot von Bärbels Eltern überraschend. Er ist zwar auch in einer kleinen Gemeinde groß geworden, lebt aber inzwischen richtig gern in der Stadt. Er liebt Theater- und Kinobesuche und mag das Flair der Altstadt mit den vielen Kneipen, wo er sich mit Freunden trifft. Seine Freunde wird er nur noch selten sehen, wenn er das Angebot der Schwiegereltern annähme. Er müsste ganz neue Kontakte knüpfen.

Bärbel hat seit Benjamins Geburt vor einem halben Jahr keinen Abend mehr in der Altstadt verbracht und das Stadtleben schon fast vergessen. Sie verspricht sich von einem Haus neben ihren Eltern Entlastung durch sie. Dann könnte sie Benjamin mal abgeben, in Ruhe einkaufen, später Teilzeit arbeiten oder mit Harald wieder einmal gemeinsam ausgehen. Außerdem wäre sie tagsüber nicht so allein, da dort alte Freundinnen inzwischen auch Familie haben.

Harald fürchtet, dass der enge Kontakt zu den Schwiegereltern ihrer Partnerschaft schaden könnte. Im Streitfall hätten Bärbels Eltern als Geld- und Grundstückgeber ein besonderes Gewicht. Sie würden zu Bärbel halten und er stünde allein. Auch fragt er sich, ob Bärbel in ihrer Heimat noch so locker drauf ist und so offen denkt wie hier in der Stadt. Werden sie dann noch gemeinsam auf Open-Air-Festivals fahren?

Bärbel sieht in ihren Eltern auch für Harald eine Entlastung. Die Großeltern würden viele Arbeiten beim Hausbau übernehmen und auch sie selbst könnte mithelfen, wenn Benjamin bei der Oma wäre.

Sie können Haralds und Bärbels Gespräche als Anregung für Ihren persönlichen Entscheidungsprozess nehmen und ebenfalls an sieben Abenden sich Ihrer Traumwohnung nähern.

Für das *erste Gespräch* begeben Sie sich abwechselnd in die *Adler-* und die *Mausperspektive*. Ergründen Sie dabei, welche objektiven Vor- und Nachteile der zukünftige Standort hat:

- Überlegen Sie, wie groß die Wohnung oder ein Haus sein müsste, damit jeder von Ihnen sich wohl fühlt.
- Wie werden sich Ihre Bedürfnisse im Laufe der kommenden Jahrzehnte ändern?
- Für Kinder werden Sie mehr Zimmer brauchen. Im Rentenalter haben Sie dann 200 Quadratmeter zu pflegen! Gehen Sie dabei achtsam mit Ihren Gefühlen um. Sie geben Ihnen Aufschluss darüber, welcher Platz Ihnen wirklich gut tut.

Gespräch 2: Welche finanziellen Belastungen verträgt unser Familieneinkommen?

Harald und Bärbel haben schon einige Jahre Geld auf die Seite gelegt. Trotzdem wird die Finanzierung eines Hauses eng werden. Das Grundstück ihrer Eltern und die Unterstützung durch Bärbels Familie wären eine riesige Erleichterung. Am

Stadtrand wären allein die Baugrundstücke so teuer wie draußen der halbe Bau. Harald könnte seine Stelle zwar behalten, wenn sie in ihre Heimat zögen, doch müsste er täglich anderthalb Stunden Fahrzeit einrechnen. Harald fühlt sich als Sohn und Schwiegersohn in der Pflicht, für seine Familie zu sorgen. Er würde sich schon reinhängen, denkt er in verantwortungsbewusster Bärenhaltung – dass Bärbel diese Zeiten allein daheim abfangen muss, kann er dann nicht ändern. Bärbel ist unwohl bei der Vorstellung, abends noch länger als bisher auf ihren Mann zu warten. Die Konsequenzen der starken finanziellen Bindung mögen beide kaum zu Ende denken. »Mein Gott, andere haben es auch geschafft!«, sagt Harald und macht sich Mut. »Aber wie? Zu welchem Preis für die Beziehung?«, erwidert Bärbel skeptisch.

In diesem *zweiten Gespräch* verhandeln Sie Geld, Zeit und Beruf (vgl. Kapitel »Warten, warten, nichts als warten!«). Der Architekt rechnet Ihnen lediglich aus, mit welchen Kosten Sie rechnen müssen, und der Banker, wie Sie dies finanzieren können. Keiner sagt Ihnen, dass nach 30 Jahren, wenn das Haus abbezahlt ist, wieder sechsstellige Sanierungskosten anstehen – nach Maßstäben der nächsten Generation.

Jetzt ist für Ihre persönliche Lebensplanung entscheidend:

- Wie viel länger müssen Sie arbeiten, um dieses Geld zu erwirtschaften?
- Welche Karriereschritte und welche berufliche Sicherheit sind dazu nötig? Wie viel Zeit bleibt dann noch für Ihre Liebe, für Ihr Kind, für Ihre Hobbys?

- Wie viele Jahre sind Sie finanziell gebunden, worauf müssen Sie in dieser Zeit verzichten?
- Wie wirkt sich eine einseitige Schenkung oder ein Erbe auf Ihre Paarbeziehung aus? Was ändert sich in der Beziehung, wenn einer das Geld einbringt oder allein im Grundbuch steht?

Gespräch 3: Wie wollen wir unsere Freizeit verbringen?

Harald und Bärbel waren bisher leidenschaftliche Motorradfahrer und Gleitschirmflieger. Außerdem fuhren sie gemeinsam mindestens zweimal im Jahr zum Surfen ans Meer. All das haben Harald und Bärbel sich seit Benjamins Geburt nicht mehr gegönnt.

Harald müsste Überstunden machen und einen innerbetrieblichen Aufstieg versuchen, damit neben einem Haus auch noch Geld für einen Urlaub übrig bleibt. Bärbel weiß noch nicht, wann sie wieder so frei sein wird, um ihren Gleitschirm einmal auszupacken. Vielleicht ist das leichte Leben jetzt für alle Zeit vorbei? Manchmal meldet sich abends vor dem Einschlafen der Luchs in ihr und sehnt sich nach früher. Harald erzählt ihr, dass auch er noch immer davon träumt, wieder mit dem Motorrad und dem Gleitschirm im Gepäck in die Berge zu fahren.

In diesem *dritten Gespräch* geht es um Ihre persönlichen Lebensträume:

● Welche Highlights haben Sie bisher durch das Jahr getragen?
● Wie viel Geld und Zeit möchten Sie für Entspannung, Freizeit, Babysitter etc. bereitstellen, um Ihre Partnerschaft stabil zu halten?
● Wie viel Geld und Zeit braucht jeder für sich?

Gespräch 4: Welche beruflichen Pläne hat jeder von uns?

Während der Schwangerschaft hatten Harald und Bärbel verabredet, dass Harald kurzfristig allein fürs Familieneinkommen verantwortlich sein wird. Bärbel wollte möglichst bald wieder in ihrem Beruf arbeiten. Seit Benjamin auf der Welt ist, fällt Bärbel die Vorstellung schwer, neben Haushalt und Erziehung auch noch erwerbstätig zu sein. Doch ihr Beruf, ihre Kolleginnen fehlen ihr sehr. Was wäre, wenn sie jetzt wegzögen? Bärbels Arbeitsplatz ginge verloren und in ihrer Heimat wird sie ein zweites Auto brauchen, was wiederum Zusatzkosten verursacht, falls sie eine neue Stelle findet. Auch Harald würde sich langfristig nach einer anderen Arbeitsstelle umsehen, damit er nicht mehr so weit zur Arbeit fahren müsste. Ob er aber in der strukturschwachen Gegend eine Arbeitsstelle finden wird, ist fraglich.

In diesem *vierten Gespräch* ist Ihre Fantasie gefragt. Schwingen Sie sich nach Adlermanier wieder einmal in die Lüfte und machen Sie eine Zeitreise in die Zukunft:

● Wie wollen Sie Ihre Berufe in drei, fünf, zehn Jahren ausüben?
● Welche beruflichen Träume hat jeder von Ihnen?
● Wie wollen Sie sich bei diesen Plänen gegenseitig unterstützen? Welche Möglichkeiten bzw. Einschränkungen würde eine Immobilie mit sich bringen?

Gespräch 5: Welche Bedürfnisse haben unsere Kinder?

Harald und Bärbel sind beide auf dem Land groß geworden. In ihren Kindheitserinnerungen sehen sie sich auf Wiesen und autofreien Straßen. Harald denkt gerne an das alte Baumhaus zurück. Wenn er sich allerdings an seine Jugend erinnert, wird er ärgerlich. In seinem Ort war es fürchterlich langweilig, zur Mofaclique wollte er nicht dazustoßen und seine Eltern holten ihn abends nur mit Murren aus der Disko in der benachbarten Stadt ab. Auch Bärbel hat ihre Kindheit im Dorf in schöner Erinnerung, doch ab dem Eintritt in die Realschule im nächsten Städtchen hatte sie nur noch losen Kontakt zu den Mädchen im Dorf. Als Fahrschülerin musste sie morgens schon vor 7 Uhr zum Bus und kam mittags erst nach 14 Uhr wieder heim.

Im *fünften Gespräch* beleuchten Sie zwei Aspekte:

Fragt man Eltern, weshalb sie ein Haus bauen oder eine Doppelhaushälfte kaufen, bekommt man meist als erste Antwort: »Wegen der Kinder.« Sie haben inzwischen in diesem Buch mehrfach die Botschaft gelesen, dass das Glück Ihrer Kinder ganz wesentlich vom Glück der Eltern abhängt:

- Wie viel Freude haben Sie an Ihrem Leben?
- Wie gut geht es Ihnen als Paar?
- Wie viel Zeit und Energie bleibt Ihnen tatsächlich für Ihre Kinder?

Erst in zweiter Linie hängt das Kinderglück von der Wohnumgebung ab.

- Wägen Sie dabei ab, welche Vor- und Nachteile Eigentum bzw. Miete für Sie als Familie hätte.
- Überlegen Sie miteinander, welche Vor- und Nachteile Sie im Land- und im Stadtleben für Ihre Kinder sehen. Bedenken Sie dabei, dass sich die Bedürfnisse Ihrer Kinder mit den Jahren ändern und damit auch die Anforderungen an den Wohnort.

Gespräch 6: Welche Arbeiten kommen auf uns zu?

Harald würde am liebsten ein schlüsselfertiges Haus kaufen, doch das ist derzeit kaum finanzierbar. In einem Neubaugebiet am Stadtrand sind zurzeit Doppelhaushälften für junge Familien ausgeschrieben, bei denen die zukünftigen Hausherren einzelne Gewerke selbst übernehmen können. Harald könnte

fliesen und zusammen mit Bärbel die Maler- und Bodenbelags-
arbeiten selbst übernehmen. Damit könnte er Kosten sparen.

Für den Fall, dass sie ein Haus selber bauen, müsste Harald
den Bau betreuen, was häufige Fahrten zur Baustelle bedeutet.
Diese Zeit müsste er zusätzlich zu seiner Arbeit und seiner Familie aufbringen. Auch hier würde er selber fliesen. Bärbel
könnte malern und Fußböden verlegen. Allerdings müssten sie
sich für ein Haus neben ihren Eltern entscheiden, damit Benjamin in dieser Zeit versorgt wäre. Oder sie bräuchten einen Babysitter, der aber auch wieder etwas kostet.

Beim Umzug in eine größere Mietwohnung kämen maximal
Malerarbeiten auf sie zu. Die Arbeiten wären überschaubar.

In diesem *sechsten Gespräch* sind Ihr Zeitmanagement und
Ihr Organisationstalent gefragt. Wenn man(n) selbst
Handwerker spielt, ist Vorplanung besonders wichtig: Die
benötigte Zeit wird gerne unterschätzt, die verfügbare Zeit
wie auch die wirkliche Kostenersparnis werden oft überschätzt. Wenn das Hausprojekt in die ersten fünf Familienjahre fällt, muss die Rund-um-die-Uhr-Versorgung des
Kindes zusätzlich eingeplant werden.

● Machen Sie eine Aufstellung aller anstehenden Aufgaben und Arbeitszeiten für unterschiedliche Lösungen
  und überlegen Sie dann, was Ihre Partnerschaft derzeit
  verkraftet.

Gespräch 7: Wie haben Freunde den Hausbau gemeistert?

Harald und Bärbel sind sich noch nicht sicher, ob Sie sich auf das Großprojekt Hausbau wirklich einlassen sollen. Daher fragen sie einige Freunde. In einem siebten Gespräch tragen Sie die Erkundigungen zusammen.

Michael und Annika sind mit Jakob (3) und Sarah (1) vor einem Vierteljahr in ihr Eigenheim gezogen. Sie wirken ziemlich angestrengt und Annika erzählt, dass sie Michael im letzten Jahr kaum gesehen habe. Michael war fast täglich nach der Arbeit auf der Baustelle. Vieles ist teurer gekommen, als sie gedacht hatten. Sie wollen nächsten Monat eine Einzugsfete feiern. »Wir brauchen mal wieder ein Fest. Wir wollen unseren Freunden zeigen, dass es uns noch gibt und dass wir mächtig was geleistet haben!« Und obwohl ihre Kasse leer ist, planen sie einen Campingurlaub am Meer. »Anders wird unsere Beziehung den nächsten Winter nicht überleben.«

Gerhard und Birgit haben mit Tobias (2) eine große Stadtwohnung gemietet. Sie wollen ihre Wohnverhältnisse immer wieder an ihre Bedürfnisse anpassen können. Sie lieben das Stadtleben und können sich auch einen Umzug ins Ausland vorstellen. Sie leben gerne flexibel. »Die Wohnung ist zwar teuer, aber wir haben dafür keine Kosten für ein zweites Auto. Am Wochenende fahren wir gerne aufs Land raus. Das genießen wir«, meint Birgit.

Petra zog vor drei Jahren mit ihrem Mann Rudi und Sohn Felix (4) in seine Heimat. Sie hatten neben Rudis Eltern gebaut. »Ich hätte nie gedacht, dass Rudi sich so verändern würde. Was seine Eltern sagten, hatte immer Vorrang. Ich hab das nicht mehr ausgehalten«, erzählt Petra. Letzten Sommer haben sie sich getrennt.

Hans und Gabi mit Julia (4) und Simon (1) haben ein Haus in der Nachbarschaft seiner Eltern gemietet. Sie hätten zwar in dem Ort ein Baugrundstück günstig kaufen können, wollen aber erst einmal sehen, ob ihnen das Leben in der Nähe seiner Eltern gefällt. Auch Hans fährt eine längere Strecke zur Arbeit, doch kann er mit dem Zug fahren, sodass sie kein zweites Auto brauchen.

Vor dem *siebten Gespräch* erkundigen Sie sich bei Freunden, wie die ihre Entscheidung getroffen haben:

- Welche Hindernisse hatten sie als Paar zu meistern?
- Wie haben sie die Standortfrage gelöst?
- Welche gemeinsamen Zeiten sind geblieben?
- Wie zufrieden sind der Mann, die Frau, die Kinder mit der neuen Wohnsituation?
- Welche Ziele haben sie vor sich?

Es heißt nicht umsonst »Immobilie«. Ein Haus steht einer zunehmend mobilen Gesellschaft gegenüber: Ausbildung, Beruf, Karriere, Ehe, Erziehung – nichts dauert so lange wie ein unbewegliches – immobiles – Haus.

Betrachtet man die verschiedenen Entwicklungsphasen einer Partnerschaft, gibt es keine Zeit, in der ein Paar so viel zu leisten hat wie in der Familiengründungsphase. Der Übergang vom Paar zur Familie stellt einen »inneren Hausbau« dar. In einer Zeit, in der das psychische Fundament und die Stützmauern für die junge Familie gelegt werden, ist es durchaus riskant, einen Großteil der Energie in den »äußeren« Hausbau zu verlegen. Großprojekte wie ein Hausbau binden Kraft und Gedanken, die der Paarbeziehung fehlen.

Nicht nur, dass das Kind Eltern zum Verzicht zwingt (Beruf, Freizeit). Ein Hausbau setzt noch eins drauf. Bereits durch die

Bindung an ein Kind müssen Eltern für einige Jahre auf Lieblingsbeschäftigungen verzichten, nun schneiden sie sich durch eine finanzielle Bindung noch von weiteren nährenden Oasen wie dem Urlaub ab. Manche Partnerschaft überlebt diese Durststrecke nicht. »Jetzt, wo sie alles haben, trennen sie sich«, sagen andere kopfschüttelnd. Außenstehende sehen nicht, dass das Paar sich monate-, vielleicht jahrelang überfordert hat – oft gedrängt durch familiäre und gesellschaftliche Vorbilder. Familienpsychologische Untersuchungen belegen, dass ein Hausbau, gefolgt von Examen, Stellenwechsel und Umzug, zu den Risikofaktoren zählt, die eine Partnerschaft in der Familiengründungsphase grenzwertig belasten.[*]

Sie wollen wissen, wie sich Harald und Bärbel entschieden haben? Die Frage ist noch offen. Sie sagten uns aber, dass sie in den Gesprächen so viel voneinander erfahren haben wie schon lange nicht mehr. Viele Unterschiede haben sie entdeckt, die manchmal gar nicht so leicht auszuhalten sind. Wahrscheinlich wird es zunächst eine revidierbare Zwischenlösung geben, denn sowohl im Beruf als auch in der Familie stehen noch manche Entscheidungen aus ...

---

[*] Barbara Reichle: *Wir werden Familie. Ein Kurs zur Vorbereitung auf die erste Elternschaft*, Weinheim 1999, S. 17

Wer weniger verdient, hat das Kind verdient

Berufliche Scheidewege – Chancen für die Familie

Wenn das erste Kind unterwegs ist, kommen berufliche Fragen auf den Prüfstand. Für mindestens einen Partner wird sich etwas ändern. Meistens kommt die weitere Karriere der Frau zunächst einmal unter die Räder. Daran haben fünf Jahrzehnte Emanzipation wenig geändert. Wird aus der Zweierbeziehung eine Familie, übernehmen viele Paare wieder traditionelle Rollen:

> Sabine und Wolfgang sind seit fünf Jahren ein Paar, als sich ihr Kind ankündigt. Bislang haben beide gearbeitet. Jetzt wägen sie ab, wer beim Kind bleiben soll. Lange müssen sie nicht überlegen: Wolfgang verdient ein Drittel mehr als Sabine. Deshalb wird er voll weiterarbeiten. Sabine will ihren Beruf nicht für immer aufgeben – aber sie wird unterbrechen. Wie lange, weiß sie noch nicht. Hauptsache, das Kind ist gesund, vieles andere wird sich finden.

Sabine und Wolfgang befinden sich in guter Gesellschaft. Zwar gibt es immer mehr Männer, die sich vorstellen können, sich an der Erziehung zu beteiligen. Doch zwischen Anspruch und In-Anspruchnahme klafft bei Vätern eine riesige Lücke. Jeder fünfte Vater will für die »Elternzeit« (früher »Erziehungsurlaub«) beruflich aussetzen. Doch tatsächlich tut das nur jeder fünfzigste. Eine Befragung von 1 000 jungen Vätern nennt finanzielle Gründe als entscheidendes Motiv: Drei Viertel der Männer verdienten vor der Geburt des ersten Kindes deutlich mehr als die Ehefrau.*

Nach Jahrzehnten der Aufklärung und Emanzipation wischt die wirtschaftliche Realität viele dieser Errungenschaften beiseite. Wenn Mütter arbeiten, dann meist zusätzlich und aus wirtschaftlicher Notwendigkeit, um das Familieneinkommen zu sichern. Dass der Mann »halblang« macht, um auch bei der Familie zu sein, ist selten.

BMW beschäftigt im Frühjahr 2003 unter seinen 10 000 Mitarbeitern im Großraum Regensburg nur zwei (!) Männer, die Elternzeit nehmen. Allerdings ist der Autoriese aus Produktionsgründen flexibel: Das Vier-Tage-Schichtmodell ist so eingerichtet, dass an den freien Tagen Zeit für die Familie bleibt. Wie viele BMW-Mitarbeiter diese vom Arbeitgeber vorgegebene Situation nutzen, ist noch nicht näher erforscht.

> Wolfgang legt sich jetzt ins Zeug. Als beide gearbeitet haben, waren zwei Einkommen da. Jetzt muss ein Einkommen für drei reichen – und für viele Anschaffungen gleich mit: Erstlingsausstattung, Möbel fürs Kinderzimmer, ein geräumigeres Auto, eine größere Wohnung ... Wolfgang nimmt seine Rolle als Ernährer der Familie ernst und das heißt: Vollzeit arbeiten plus Überstunden. Sabine bekommt ihn seit der Geburt des Kindes viel seltener zu Gesicht. Seine neugeborene Tochter Kari-Daniela sieht ihn auch nur am Abend. Eine Stunde bleibt dem Vater mit dem Kind.

Bei vielen endet die berufliche Planung mit der Frage: Wer verdient so viel, dass er die Familie durchbringen kann? Und da in Deutschland Männer durchschnittlich bis zu einem Drittel

---

* Studie des Staatsinstituts für Familienforschung an der Universität Bamberg 1996, zitiert in: Bundesministerium für Familie, Senioren, Frauen und Jugend: *Die Familie im Spiegel der amtlichen Statistik*, Berlin 2003, S. 118

besser bezahlt werden als Frauen in vergleichbaren Positionen, fällt die Entscheidung in der Regel zugunsten des Mannes aus. Das ist einerseits verständlich. Mit nur einem Einkommen, selbst wenn es gesteigert wird, wird eine junge Familie finanzielle Einschränkungen erleben. Da ist es nur sinnvoll, den besser bezahlten Job beizubehalten. Andererseits geben beide Partner langfristig wirkende Lebenschancen auf: Die Frau verliert ihren beruflichen Anschluss. Im Gegenzug verliert der Mann seine berufliche Flexibilität: Berufliche Wünsche stehen unter dem Druck, die Familie ernähren zu müssen. Im Zweifel zählt die sichere, wenn auch vielleicht ungeliebte Festanstellung. Auch im Innenleben sind diese Verluste zu spüren: Der Mann verliert seine (Gesprächs-)Partnerin, weil sich die beiden seltener sehen und außerhäusliche Gesprächsthemen wegfallen. Die gemeinsamen Themen reduzieren sich zunehmend aufs Kind. Auch der Frau gerät der Mann, den sie einmal kennen und lieben lernte, aus dem Blick. Weiß sie denn, was ihn beschäftigt?

Der Berufsweg der Frau wird von den familiären Anforderungen bestimmt. Erst einmal ist es ja ganz schön, zu Hause zu sein. Aber was macht sie nach drei Jahren Küche, Wäsche und Kind? Ihre Kolleginnen sind inzwischen weiter, ihr Arbeitsplatz ist vielleicht freigehalten – aber wenn sie wieder anfängt zu arbeiten, sicher nicht auf dem Niveau von vorher. Ein Großteil ihrer Ausbildung und beruflichen Praxis war scheinbar für die Katz.

Ist das so? Oder fehlen nur konkrete Abmachungen zwischen Partner, Arbeitgeber und eigenen Bedürfnissen? Wird sich die Berufstätigkeit der Frau danach richten, welche Zeiten sie mit Kinderbetreuung abdecken kann, oder verteilt das Paar die Arbeitszeit so, dass beide Partner einen Teil der Kinderbetreuung übernehmen und die übrige Zeit von einer Tagesmutter oder Krabbelstube ausgefüllt wird?

Ein klärendes Gespräch zwischen beruflichen und familiären Bedürfnissen kann Wogen glätten, die sich sonst zu einer

Riesenwelle der Unzufriedenheit auftürmen und so manches Ehefundament hinwegspülen. Der Mann verliert nicht nur seine berufliche Flexibilität, wenn er als Alleinverdiener sich auf den Beruf fixiert. Ihm entgehen in der Familie Dinge, die sich nicht wiederholen.

Die Eltern-Kind-Beziehung gründet sich wesentlich in den ersten drei Lebensjahren. Im ersten Lebensjahr wächst das Urvertrauen zu den Eltern. Im zweiten Lebensjahr vollzieht sich schon eine erste Abgrenzung von den Eltern – die erste »Trotzphase«. Im dritten Lebensjahr setzt sich der Sohn oder die Tochter mit dem Vater als Mann und der Mutter als Frau auseinander.

Soll diese entscheidende Bindungsphase wirklich nur der Mutter vorbehalten sein? Hat nicht auch der Vater ein Recht auf Zeiten mit dem Kind?

Es stimmt, dass nicht die Quantität, sondern die Qualität der Zeit den Beziehungsaufbau bestimmt. Wie intensiv sich ein Elternteil mit dem Kind beschäftigt, entscheidet, wie sicher sich ein Kind bei ihm gebunden fühlt. Doch ohne Zeit geht das nicht! Sowohl die Mutter wie auch der Vater benötigen Zeit, in der sie wach und aufnahmebereit dem Kind begegnen. Wer kann das noch nach zehn Stunden Arbeit?

> Die Entscheidung zwischen Sabine und Wolfgang ist automatisch gefallen. Für Wolfgang ist die Entscheidung nur logisch und sein verstärktes Engagement bindet ihn an seinen Arbeitsplatz. »Das mache ich doch alles für euch«, antwortet er verwundert und zunehmend vorwurfsvoller, wenn ihn Sabine auf seine Abwesenheit anspricht.

Vielleicht hätte die simple Frage gut getan: Wie viel möchtest du von deinem Kind haben? Und was möchtest du dafür tun?

Sosehr uns Kinder manchmal belasten, eingrenzen und fordern, so sehr geben sie unserem Leben an anderer Stelle Lebenssinn und Halt. Sie geben unserer Arbeit, Freizeit, all unserem Tun eine Richtung. Wir können unseren eigenen Kindern hautnah vermitteln, warum es sich zu leben lohnt. Wir zeigen ihnen, was unsere Welt ausmacht, und wir erleben, wie die Kinder später unsere Lebensfreude, unsere Werte weitergeben. Das sind Schätze, die sich nicht in Geld ausdrücken lassen. Mitunter sind diese Schätze in unserer Alltagsroutine verschüttet. Wir erkennen sie nicht, weil wir in vielem automatisch handeln oder re-agieren. Diese Routine lässt abstumpfen und statt der Freude am Kind ein Gefühl von Frust entstehen. Leider nehmen unsere Kinder solche Gefühle persönlich. Sie fühlen sich für unglückliche Eltern verantwortlich. Sie sehnen sich danach, dass wir als Eltern so schnell wie möglich befriedigende Lösungen finden.

Es gibt schwierige Situationen, die mit dem Beruf zusammenhängen und auf das Wohlbefinden der Kinder durchschlagen. Es kann ganz unterschiedlich sein, was Kinder belastet:

- *Mütter oder Väter sind zu Hause, obwohl sie gerne arbeiten würden:* Frauen, die ihren Beruf lieben, sich aber zum Hausfrauendasein zwingen, oder arbeitslose Eltern, die verzweifelt nach einer Stelle suchen.

- *Auch das Gegenteil gilt: Mütter oder Väter arbeiten, obwohl sie gerne zu Hause bei den Kindern wären:* Väter, die durch viele Überstunden ihre Kinder (fast) nur schlafend kennen, oder Alleinerziehende, die aus finanziellem Druck Vollzeit arbeiten müssen und notgedrungen ihre Kinder weggeben.

Manche Frau beneidet ihren Mann nicht um dessen stressigen Job, denn sie kann zu Hause selbstbestimmt schalten und walten und die Entwicklung der Kinder Tag für Tag miterleben. Auch freut sich manche Frau, wenn sie nach anstrengenden Arbeitsjahren dem Berufsalltag entfliehen kann.

Ein Kind kann auch einem Mann in der Krise Halt geben: Da ist ein kleiner Wurm, für den es sich zu arbeiten lohnt. Viele Väter erzählen, dass ihre Berufstätigkeit mit dem Vaterwerden einen ganz neuen Sinn erhalten hat. Auch vorübergehende Zeiten der Arbeitslosigkeit können sich mit Familie leichter verkraften lassen: wenn die unfreiwillig entstandene Freizeit der Familie zugute kommt. Vorausgesetzt, es ist eine Perspektive in Sicht: ein Nebenerwerb, der das finanzielle Überleben sichert, oder die Frau steigt stärker in den Beruf ein. Wichtig ist, dass alle bereit sind, sich mit der Situation abzufinden. Ein im Zickzack verlaufender Berufsweg kann Väter ihren Kindern näher bringen als eine steile Karriere, die immer mehr Zeit und Kräfte an den Beruf bindet.

Genießen Sie die Zeit mit Ihrem kleinen Kind – und gönnen Sie diesen Genuss auch Ihrem Partner! Den Wert dieser ersten Jahre mit Ihrem Kind werden Sie noch in 10, 15, 20 Jahren spüren, wenn Ihr Kind immer noch zu Ihnen kommt, wenn es Ihnen seine Fragen und Nöte anvertraut und Sie umarmt.

Die Berufslösung beeinflusst auch die Entscheidung für ein zweites Kind. Der Trend zum Geschwisterchen sinkt: Nur noch jede zweite Familie entscheidet sich für ein zweites Kind. Woran liegt es, dass junge Paare, die sich Kinder wünschen und mutig genug sind, sie in die Welt zu setzen, nach den ersten Erfahrungen einen zweiten Versuch lieber bleiben lassen?

Münchner Familienforscher stellten fest, dass Frauen wenig an Lebenszufriedenheit einbüßten, wenn sie entweder vor der Geburt des ersten Kindes schon Hausfrauen waren oder schnell danach wieder in den Beruf zurückkehrten. Die größte Unzufriedenheit bemerkten sie jedoch bei den Frauen, die ihren Beruf zugunsten der Familie aufgegeben hatten. Sie vermissten am stärksten die gewohnte Anerkennung und beschrieben sich als isoliert und hinter den Herd geschickt.*

---

* Die Ergebnisse der Befragung von 175 Familien sind in der Studie »Paare werden Eltern« von Wassilios Fthenakis und Bernhard Kalicki zusammengefasst, zitiert in: *FAZ am Sonntag* vom 26. Januar 2003

Beruf und Familie zu vereinbaren ist aber nicht nur ein persönliches Problem junger Eltern. Hier spielen die *gesellschaftlichen Rahmenbedingungen* eine wichtige Rolle. Deutschland hat nicht nur die geringste Geburtenrate in der EU, sondern auch die wenigsten Kinderbetreuungsmöglichkeiten für Kinder unter drei Jahren. Innerhalb Deutschlands reicht die Versorgung mit Krippenplätzen von zwei Prozent in Bayern und Baden-Württemberg bis 79 Prozent in Brandenburg. Mit Blick auf die vergleichsweise hohen Geburtenraten in Frankreich oder Schweden, verbunden mit den dort hohen Frauenerwerbsquoten, stellt das Bundesfamilienministerium fest: »Entscheidend dürfte sein, wie gut sich Familien- und Erwerbstätigkeit miteinander verbinden lassen.«*

Daher müssen junge Eltern hierzulande das Thema Beruf frühzeitig miteinander besprechen. Falls Sie beide berufstätig sein wollen, überlegen Sie, welche Kinderbetreuung Sie für Ihr Kind bevorzugen und welche Sie realisieren können:

- Kinderkrippe/Krabbelstube
- Tagesmutter
- Großeltern/Verwandte
- Kindermädchen/Au-pair-Mädchen

Erkundigen Sie sich bei der zuständigen Stelle in Ihrer Stadt oder Gemeinde, welche Möglichkeiten es vor Ort gibt.

Das Wichtigste, was wir unseren Kindern mitgeben können, ist unsere Freude am Leben. Kinder interessiert weniger, was wir im Geldbeutel haben, wie situiert wir wohnen, welche Karriereziele uns vorschweben oder wie sauber die Wohnung ist. Für Kinder ist die Welt in Ordnung, wenn es uns gut geht.

---

* Bundesministerium für Familie, Senioren, Frauen und Jugend: *Die Familie im Spiegel der amtlichen Statistik*, Berlin 2003, S. 88 ff.

Oft wird der Berufswunsch der (meist schlechter verdienenden) Frau mit dem Argument abgetan: »Mit dem Geld, das du hinzuverdienst, können wir gerade mal die Kinderbetreuung finanzieren – was soll das bringen?« Doch das ist eine Milchmädchenrechnung:

- Wenn ein Partner besser verdient, wählt derjenige gewöhnlich die günstigere Steuerklasse – dadurch bleibt vom Bruttoverdienst des anderen zwangsläufig nur mehr wenig übrig.
- Verdienstüberlegungen müssen mittel- bis langfristig angestellt werden. Die Familienphase dauert 20 Jahre. Was erwirtschaftet ein Paar in diesem Zeitraum?
- Wer beispielsweise zwei Jahre aus seinem Beruf aussteigt, muss zusätzlich eine ebenso lange Zeit einkalkulieren, um sich beruflich wieder voll einzuarbeiten. Ausstieg bedeutet nicht nur finanziellen Rückschritt, man verlernt auch Dinge. Dieser Know-how-Verlust bzw. fehlende Know-how-Zuwachs (zum Beispiel neue Computer-Programme) macht sich langfristig auch finanziell bemerkbar. Die Ein- oder Aufstiegschancen verschlechtern sich.
- Bleiben beide Partner berufstätig, egal, ob in Teilzeit oder Vollzeit, bieten sie einander Sicherheit, beispielsweise für den Fall, dass einer arbeitslos oder berufsunfähig wird.
- Beide Partner werden für ihr Alter sorgen müssen. Wenn wir die heutige Rentendiskussion verfolgen, werden die Geburtsjahrgänge 1960 bis 1975 voraussichtlich bis ins 70. Lebensjahr berufstätig sein. Wie halten wir uns so lange fit? Sowohl zu viel wie auch zu wenig Berufstätigkeit wird sich für diese Generation im Alter ungünstig auswirken.

Die Familiengründung bringt fast immer einen finanziellen Engpass mit sich. Lang- und mittelfristig können Sie sich durch berufliche Planung helfen. Kurzfristig ist ein Familienkredit zu überlegen. Nicht für die eigenen vier Wände, sondern um die Paarbeziehung zu festigen! In dieser finanziell engsten Familienphase kann ein Kredit Wunder wirken. Sie können damit

- eine Tagesmutter oder Kinderkrippe finanzieren, um das berufliche Fortkommen der Frau zu sichern,
- einen Babysitter zahlen, um sich vom Familienalltag zu erholen, damit danach wieder genügend Kraft für die Kinder da ist.

Viele junge Familien investieren in dieser Phase in eine Immobilie. Mit einem 10 000-Euro-Familienkredit können Sie eine Menge Bedürfnisse befriedigen: persönliche, partnerschaftliche und familiäre. Und was ist diese Summe gegenüber einem 200 000-Euro-Hauskredit?

Längerfristige Überlegungen gehen im Trubel der ersten Erziehungsjahre leicht unter. So steigern sich – unausgesprochen – Wut, Frust oder Ärger über die jeweils erlebte Lage. Ein Blick über den Tellerrand hinaus auf die nächsten Jahre lässt sich auch mit folgenden Fragen schärfen:

- Welchen Kontakt möchte ich zu meinem Kind/meinen Kindern in zehn Jahren haben?
- Was möchte ich mit meinem Partner unternehmen, wenn die Kinder aus dem Gröbsten heraus sind? Bergtouren, Motorrad fahren, gemütliche Wochenenden mit ausgiebigem Frühstück oder Zeitung lesen?
- Gibt es Dinge, die wir uns jetzt schon gönnen können und die uns den beruflichen Wiedereinstieg später erleichtern?
- Hilft uns dabei ein Familienkredit?

Wir planen unsere berufliche Zukunft
– ein dreiphasiges Zwiegespräch

Eine *Diskussion* über diese Pläne sollten Sie klar gliedern und in drei aufeinander folgenden Schritten führen:

1. Familieneinkommen
2. Lebensqualität
3. Familieneinkommen und Lebensqualität

1. Familieneinkommen

Dieses erste Gespräch sollten beide Partner bewusst unter *streng finanziellen Gesichtspunkten* führen! Persönliche Wünsche, Erwartungen oder Vorlieben bleiben zunächst außen vor. Um die wird es erst im nächsten Gespräch gehen.

- Welches Familieneinkommen lässt sich voraussichtlich erzielen, wenn *ein Partner berufstätig* ist und mit voller Rückendeckung Karriere macht, während der andere das Familienleben zu Hause managt?
- Welches Familieneinkommen lässt sich voraussichtlich erzielen, wenn einer voll berufstätig ist, mit dem entlastenden Wissen, dass *der andere nach drei bis fünf Jahren beruflich wieder einsteigt?*
- Welches Familieneinkommen lässt sich voraussichtlich erzielen, *wenn beide Partner ihre beruflichen Pläne vorübergehend auf halbmast setzen*, um nach einigen Jahren wieder volle Segel zu hissen?
- Wie viel Einkommen ist nötig, damit alle Kosten der Familie gedeckt werden?

2. Lebensqualität

Nachdem Sie die Finanzplanung durchkalkuliert haben, soll im zweiten Gespräch Raum sein für essenzielle Überlegungen. Jeder beruflichen Variante des vorausgegangenen ersten Schrittes folgt nun eine gleich lautende Frage nach persönlichen Freiheiten.

- Wie viel Lebensqualität bedeutet es für jeden Einzelnen, für uns als Paar bzw. als Familie, wenn *einer berufstätig* ist und mit voller

Rückendeckung Karriere macht, während der andere das Familienleben zu Hause managt? Welche Freiheiten ermöglicht dieser Weg – für jeden Einzelnen – für Sie als Paar – für die Familie?

- Wie viel Lebensqualität empfinden wir, wenn einer voll berufstätig ist, im Wissen, dass *der andere nach einigen Jahren beruflich wieder einsteigt?* Welche Freiheiten ermöglicht dieser Weg – für jeden Einzelnen – für Sie als Paar – für die Familie?
- Wie viel Lebensqualität bedeutet es Mann und Frau, wenn *beide ihre beruflichen Pläne vorübergehend auf halbmast setzen,* um nach einem abgesprochenen Zeitraum gemeinsam oder versetzt volle Segel zu hissen? Welche Freiheiten ermöglicht dieser Weg – für jeden Einzelnen – für Sie als Paar – für die Familie?

Was für jeden Partner eines Paares Lebensqualität bedeutet, kann sehr unterschiedlich sein. Finden Sie einen fairen Kompromiss!

Persönliche Lebensqualität kann sich auch ändern: Mit dem Kind wird beruflicher Ehrgeiz vielleicht weniger wichtig. Wer einmal eine Auszeit »geschmeckt« hat, findet vielleicht Gefallen an Teilzeitarbeit oder geht umgekehrt gestärkt wieder ins volle Berufsleben zurück.

3. Familieneinkommen und Lebensqualität

In der dritten Phase dieses Gesprächs geht es darum, die Beziehung von Familieneinkommen und Lebensqualität in Verbindung zu bringen.

- Wie viel Einkommen brauchen wir für die von uns gewünschte Lebensqualität?
- Wie viel berufliches Engagement erwartet jede/r vom anderen für den gewünschten Lebensstandard?
  Hätte die Frau beispielsweise ihren Mann lieber öfter bei sich und den Kindern, als sich über ein sorgenfrei volles Girokonto zu freuen? Oder braucht sie die finanzielle Sicherheit, um die gemeinsame Zeit genießen zu können?
  Ist es für ihn zum Beispiel vielleicht eine Erleichterung, wenn sich die Last von Beruf und Einkommen auf mehrere Schultern verteilt? Oder verzichtet einer gerne auf seinen Beruf zugunsten des Familienlebens?
- Was bewegt Sie beide zu Ihrer Entscheidung?

Selbst ist die Frau!

Starke Mütter kommen überallhin –
nur nicht zur Ruhe

Was gäben Sie dafür, nur einmal wieder auszuschlafen! Einmal einen Tag entspannt nach eigenem Gutdünken zu verbringen! Selbst wenn es nur darum ginge, die dringend notwendigen Dinge zu erledigen. Ideen, wie Sie das umsetzen können, finden Sie in diesem Kapitel.

Britta hat einen harten, aber typischen Tag hinter sich: Nach dem Vierstundenjob am Vormittag hat sie ihre zweijährige Tochter Celina aus der Krabbelstube geholt, für den Kindergeburtstag am nächsten Nachmittag einen Kuchen gebacken, das Bad geputzt und den Küchenboden gewischt. Jetzt sitzt sie um 21 Uhr recht deprimiert am Küchentisch. Ihr Mann Christoph arbeitet noch am Computer. Celina sollte längst schlafen, doch sie ist nun schon zum zweiten Mal in der Küche erschienen und hat Durst. In der Küche türmt sich noch das Geschirr und Britta weiß, dass im Bad noch eine Menge Wäsche auf sie wartet. Auch ist das Wohnzimmer so unaufgeräumt, dass – wenn ihr Mann jetzt käme – die beiden noch keinen gemütlichen Raum für sich hätten.»Die Arbeit hört einfach nicht auf«, denkt sie.

Solch mutlose Momente kennen Sie sicherlich auch. Den ganzen Tag haben Sie gearbeitet und am Abend sieht die Wohnung immer noch – oder schon wieder – so aus, als wären Sie nur faul herumgesessen. Die Mutterrolle schluckt so viel Zeit und Kraft, dass für andere Lebensbereiche kaum mehr Energie übrig bleibt. Dabei gäbe es so viele Dinge, die Ihnen wichtig wären: Ihr Partner, Ihre Freunde und Freundinnen, Ihre Kolleginnen, Ihre Eltern und Geschwister. Oder Sie wünschen sich einfach mal nur Zeit für sich.

> Britta beißt die Zähne zusammen und erledigt den restlichen Haushalt. »Dann haben Christoph und ich wenigstens ein aufgeräumtes Wohnzimmer«, ermuntert sie sich. Doch als Christoph schließlich kommt, ist sie erschöpft und sauer. »Immer muss ich alles allein machen«, fährt sie ihn an.

Brittas (Über-)Lebensstrategie heißt »Augen zu und durch«. Sie ist eine Kämpferin mit ausgeprägten *Bärenqualitäten*. Sie arbeitet unermüdlich und hält enorm große Belastungen aus. Doch wenn sie gar nicht mehr kann, schlägt sie verbal um sich und klagt an, wieso die anderen ihr die Hilfe verweigern.

Frauen wie Britta erhalten zwar Anerkennung für ihre große Schaffenskraft. »Wie du das nur alles schaffst!«, bekommen sie zu hören. Doch kaum einer merkt, wie die Powerfrau sich oft überfordert fühlt. »Ich hätte dir doch geholfen, wenn du was gesagt hättest!«, ist ein anderer Spruch, den solche Frauen von ihren Männern kennen. Aber das macht sie erst richtig wütend. »Mein Gott, wenn du das nicht siehst, weiß ich auch nicht«, schreit frau verzweifelt. Doch insgeheim denkt sie: »Selbst dann hätte er es kaum so gründlich gemacht wie ich!« Eine Falle, in die tatkräftige Frauen gerne tappen: Sie halten die Ausführungsgewalt fest in Händen und können so kaum Aufgaben richtig abgeben.

> Britta will aus dieser Überforderung herauskommen und lädt deshalb Maria, Anke und Lucia ein, drei befreundete Mütter aus der Eltern-Kind-Gruppe. Sie möchte herausfinden, wie es anderen Müttern geht und wie sie für sich Freiräume schaffen.
> Maria ist eine zarte, sanfte Frau. Sie kümmert sich ausgesprochen fürsorglich um ihr Kind und um ihren Mann. Das glatte Gegenteil

von Anke, einer resoluten Geschäftsfrau. Anke ist bereits drei Monate nach der Geburt ihres Sohnes wieder in ihren Beruf zurückgekehrt. Was für die vierte Frau in der Runde, Lucia, undenkbar wäre. Sie rudert heute noch in ihrem Haushalt, obwohl ihre Tochter Nina schon fast zwei Jahre alt ist. »Ich bin halt eine Chaotin«, lacht sie über sich.

So unterschiedlich diese vier Frauen sind, sie verbindet das Gefühl, nicht zur Ruhe zu kommen. Eine Situation, die wohl alle jungen Mütter erleben: Der Tag ist unstrukturiert, das Kind gibt den Takt an und das Zusammenspiel mit dem Partner will erlernt werden. Gute Ratschläge wie »Sorge besser für dich!« helfen da wenig. Sie sind viel zu unspezifisch. Denn je nach Frauentyp ergeben sich unterschiedliche Schwierigkeiten. Hören wir den vier Frauen *genau* zu:

Maria liebt ihren Sohn Benni über alles. Für sie wäre undenkbar, sich auch nur eine Stunde von ihm zu trennen. Sie fühlt sich ganz erfüllt mit ihrer neuen Aufgabe als Mutter. Ihren Mann Hans und ihr Kind glücklich zu machen bereitet ihr die größte Freude. Sie gibt von Herzen – ohne Einschränkung. Hans bewundert sie, wie sie ihm Wünsche von den Lippen abliest, doch manchmal jagt sie ihm mit ihrer engelsgleichen Sanftmut ein schlechtes Gewissen ein. »Das braucht es doch nicht«, versucht er sie zu bremsen. Doch sie empfindet das als Kränkung. Wenn ihre Fürsorge nicht geschätzt wird, ist sie bitter enttäuscht. »Ich möchte es doch allen recht machen«, schluchzt sie. Wenn all ihre selbstlose Liebe nicht gesehen wird, fühlt sie sich klein und hilflos wie eine Maus – und geht fast unter in einem See aus Tränen. Ihr Mann reagiert darauf häufig wütend – und hilflos.

Marias Überforderung ergibt sich aus einer ganz anderen Motivation als bei Britta, die nur schwer um Hilfe bitten kann. Maria ordnet sich und ihre Bedürfnisse allen anderen unter. Sie nimmt als ausgesprochener Gefühlsmensch die *Maushaltung* ein. Innere Glaubenssätze wie »Eine gute Mutter ist im-

mer für ihre Lieben da!« und »Wer viel liebt, wird geliebt«
treiben ihre Fürsorge an. Ihren eigenen Wunsch, von den anderen geliebt zu werden, zeigt sie nicht offen. Unbewusst er-
hofft sie ihn sich zu erfüllen, indem sie sich intensiv den anderen zuwendet.

Anke kann so viel Gefühlsduselei nicht ab und sagt das auch.
Klar, sie liebt ihr Kind, doch ihr Beruf darf deswegen keinesfalls
auf der Strecke bleiben. Anke hat viele Lebensziele, die sie nur mit
perfektem Zeitmanagement unter einen Hut bekommen kann:
Kind, Beruf, Partnerschaft, Freunde, Hobbys. Für den Haushalt
hat sie eine Zugehfrau. Schon vor der Geburt hatte sie einen ge-
nauen Plan für die Zeit mit dem Kind, den sie auch eingehalten
hat. Die Verteilung der familiären Aufgaben hat sie mit ihrem
Mann klar abgesprochen. Die Organisation klappt leidlich – mit
mehr Reibungspunkten als erwartet. Doch das wird sich noch op-
timieren lassen.

Frauen wie Anke gehen ihr Leben sachlich und strukturiert an.
»Probleme sind dazu da, gelöst zu werden«, heißt ihre Lebens-
devise. Dabei spüren solche Frauen selten, wie viel sie sich,
aber auch anderen abverlangen. Sie organisieren ihr Leben aus
der *Adlerperspektive*. Aus dieser Höhe entgehen ihnen die tiefer
liegenden eigenen Bedürfnisse: verwöhnt werden oder Nähe
genießen. Der Partner fühlt sich in das durchorganisierte Leben eingespannt, auch er funktioniert. Adler-Frauen gelingt es
schwer, sich in der anstrengenden frühen Familienphase Entspannung und Genuss zu gönnen.

Lucia kann sich nicht vorstellen, dass Anke überfordert sein
könnte. »Du ziehst das so cool durch«, bewundert sie sie. Ihren
eigenen Alltag empfindet Lucia als einziges Chaos. »Irgendwie
bringe ich das nicht auf die Reihe. Allein das Zu-Bett-Bringen
zieht sich bei Nina jeden Abend ewig hin«, stöhnt sie. Sie reißt
sich dann aber innerlich hoch: »Na ja, bei uns greift auch keiner

Mit ihrer leichtfüßigen Art kam Lucia bisher ganz gut durch.
Sie war gewohnt, nach den Sonnenseiten des Lebens Ausschau
zu halten. Zu WG-Zeiten war das kein Problem und irgendwo
war immer eine aufregende Party. Sie genoss das spielerische
Luchsleben. Frauen wie Lucia fordert die neue Verantwortung
als Mutter enorm. Sie sollen auf einmal in ihren Beziehungen
Kontinuität beweisen. Das bedeutet, auch in Stressphasen in
der Partnerschaft Konflikte auszuhalten und sich mit dem
Kind durchzubeißen. Luchs-Frauen brauchen zudem ein Konzept, wie sie die Vielfalt der neuen Verantwortung bewältigen
können.

Jede der vier Frauen sucht eine eigene Lösung, wie sie mit
der neuen Rund-um-die-Uhr-Verantwortung zurechtkommen
kann. Sie alle haben bereits von Lösungsversuchen erzählt, die
sie bisher schon unternommen haben, die aber nicht recht ge-
glückt sind. Maria meint, mit noch mehr Fürsorge mehr zu bekommen. Britta arbeitet noch mehr, um danach die erhoffte
Erholung zu erhalten. Anke will ihre Organisation noch verbessern und Lucia rennt davon, wenn ihr alles zu viel wird.

Hier geschieht etwas ganz Typisches: *Wir suchen die Lösung
in einer Richtung, die uns vertraut ist, und verstärken damit noch
die Misere.*

Das fällt auch den vier Frauen auf:

für sich eine Lösung: »Ich bräuchte manchmal mehr Überblick und Abstand. Ich bin mir nicht mehr sicher, ob ich bei all meiner Fürsorge überhaupt wahrgenommen werde. Vielleicht tut es den anderen ganz gut, wenn ich mich nicht so viel kümmere.«

»Da geht es mir ähnlich«, stöhnt Britta, »mir wird zunehmend klar, dass mein Mann sich zurückzieht, wenn ich alles scheinbar mit links erledige. Ich gebe ihm selten eine Chance, dass er mich unterstützt. Vielleicht möchte ich unbewusst gar nicht, dass mein Mann genauso gut für Celina sorgt wie ich. Solange ich alle Fäden in der Hand halten möchte, muss ich einen hohen Preis zahlen. Ich sollte mich mehr rausnehmen und mal gucken, wie die anderen reagieren. Ich müsste aber zufrieden sein mit dem, wie mein Mann handelt.«

»Das mit dem ›mit links erledigen‹ kenne ich gut, doch du wirst wenigstens noch wütend, wenn's dir zu viel wird«, ergänzt die gut organisierte Anke. »Ich werde eher noch cooler und kontrolliere noch mehr, anstatt mal einfach loszulassen. Als mein Mann und ich noch zu zweit waren, sind wir fast jedes Wochenende aus unserer Workaholic-Schiene ausgebrochen. Ich habe es so genossen, wenn wir aufs Land rausgefahren sind. Das könnten wir uns mal wieder vornehmen.«

»Oh ja, ausbrechen! Danach ist mir auch oft, aber bei mir bringt es glatt das Gegenteil!«, ruft Lucia. »Es macht alles noch schlimmer! Ich hätte gerne ein bisschen mehr Struktur wie du, Anke. Dann ein bisschen was von deiner Power, Britta, und von dir, Maria, die gute Intuition, was die anderen brauchen. Vielleicht kann ich mir von euch allen eine Scheibe abschneiden!«

Sich von anderen Frauen »eine Scheibe abschneiden« – eine klasse Idee! Gerade weil wir Frauen so unterschiedlich sind, können wir viel voneinander lernen.

Die vier befreundeten Frauen haben sich noch oft getroffen. Ihre Kinder sind inzwischen in der Pubertät. Jetzt verabreden sie sich am Abend in der Spaghetteria – die Zeiten, in denen sie einen Babysitter brauchten, sind längst vorbei. Bei einem dieser Treffen erinnern sie sich an die wunderschön-schreckliche Zeit, als die Kinder noch klein waren und sie als Frauen sich von der Familie oft überfordert fühlten.

Britta hat ihre Chance genutzt und an Christoph Arbeit abgegeben. Nicht nur die unangenehmen, sondern auch schöne Aufgaben, wie einen ganzen Nachmittag Zeit mit Celina haben. Wenn Christoph daraufhin in der Erziehung mitreden wollte, war das anfangs nicht leicht. Aber mit der Zeit hat Britta gesehen, wie gut er mit Celina umgeht und das eine oder andere im Alltag übernimmt. »Und mir hat mal jemand einen Trick verraten: Lobe deinen Mann für jeden Handgriff, den er dir abnimmt. Umso schneller bietet er dir wieder Hilfe an! Der Tipp war gut – er hat super funktioniert! Ich kann inzwischen auch ganz ehrlich meinem Mann sagen, dass seine Unterstützung mir gut tut.«

Maria hakt hier ein: »Genau, ich habe mich auch irgendwann getraut, meinen Hans um Hilfe zu bitten. Er gestand mir eines Tages, dass ihm meine überfürsorgliche Art zu schaffen macht. Ich hätte nicht nur unseren Benni bemuttert, sondern ihn gleich mit. Das waren für mich harte Worte. Doch ich verstand, dass Hans auch Bennis Nähe für sich haben wollte. Wenn ich ihn mal mit Benni allein ließ, war das besser, als die aufopfernde Mutter zu spielen. Ich war ja dann öfter mit euch in der Therme oder beim Badmintonspielen. Wenn ich dann heimkam, hat Hans mich richtig angestrahlt. Da ging es uns beiden richtig gut!«

»Erinnert ihr euch, dass ich einmal erzählte, wie Olaf und ich früher fast jedes Wochenende unterwegs waren?«, fragt Anke. »Wir haben damit wieder angefangen. Olaf und ich, wir haben uns über unsere Kalender gesetzt und Abende und Wochenenden, die nur uns zwei gehören, ausgesucht. Reine Familienwochenenden legten wir anschließend fest. Wir sind nun mal Perfektionisten in der Planung. Die Zeiten, die nur uns gehören, sind reine Genussinseln. Wir gehen essen, fahren Rad oder legen uns einfach auf die Wiese.«

»Siehst du«, sagt Lucia, »und ich habe mir von dir die Planung abgeschaut. Am Anfang fand ich das richtig spießig, denn mir liegt das Spontane eher. Doch nachdem unsere Beziehung fast zerbrochen wäre, habe ich mit Ralf eine Verabredung getroffen. Ich hab zu ihm gesagt: ›Bitte sag nie mehr was zu meinem Chaos! Ich weiß selbst, dass das meine Schwäche ist. Doch ich bring das nur hin, wenn du es mir nicht immer wieder vorhältst.‹ Ralf und ich haben ausgemacht, wer welche Arbeiten übernimmt. Ich hab ihm versprochen, dass ich für meinen Teil die Verantwortung übernehme, und das klappt so in etwa. Inzwischen geht es ja längst nicht mehr ums Zu-Bett-Bringen. Wir diskutieren jetzt mit Nina, wann sie von der Disko nach Hause kommt. Egal, ich habe auf alle Fälle herausgefunden, dass ich als Mutter spontaner leben kann, wenn ich die nötigsten Dinge klar regele. Dann bleibt mehr Zeit für ausgeflippte Dinge.«

Lebensbegleiter

Neigen Sie einem bestimmten Typ Frau zu? Sind Sie eher Maria, die Gefühlvolle, Britta, die Tatkräftige, Anke, die Strukturierte, oder die »chaotische« Lucia? Die Lösung liegt nicht in der Verstärkung dieser Eigenschaften, sondern darin, neue Fähigkeiten hinzuzugewinnen. Dabei können Ihnen »Herzsätze« zu neuen Lebensbegleitern werden:

Für empfindsame Frauen wie Maria:

- Ich erlaube mir, für mich selbst zu sorgen.
- Ich darf (zum Beispiel meinen Mann) *offen* um Unterstützung bitten.

Für tatkräftige Frauen wie Britta:

- Ich nehme Unterstützung (von meinem Mann) als Geschenk an.
- Ich darf mich heraushalten und die Verantwortung an andere abgeben.

Für strukturierte Frauen wie Anke:

- Ich horche auf meine inneren Wünsche und Bedürfnisse.
- Ich achte bewusst auf die Wünsche meines Partners.

Für »chaotische« Frauen wie Lucia:

- Ich bin in der Lage, für bestimmte Bereiche die Verantwortung zu übernehmen.
- Ich möchte mich für den Erhalt unserer Partnerschaft einsetzen. Mein Beitrag in unserer Beziehung ist wichtig.

Selbst ist der Mann!

Eigenständige Gehversuche
als Vater

Eigentlich müsste dieses Kapitel »Selbst ist der Vater!« heißen. Denn als Mann ist man(n) mehr als genug auf sich selbst gestellt, aber nicht ohne weiteres als Vater. Seltsamerweise sehen oder verstehen das viele Frauen nicht. Und wenn sie den Mann ansehen, akzeptieren sie seine Haltung als Vater nicht. Ein Mann muss sowohl die Position wie auch die Kompetenz als Vater gegen vielerlei Widerstände wie berufliche Zwänge, gesellschaftliche Erwartungen und das Misstrauen der eigenen Frau erst erwerben. Bevor er also eigenständige Gehversuche als Vater unternehmen kann, muss er einige Hürden überwinden.

Der Weg vor ihm ist weitgehend unbekannt. Er lernt sein Kind erst nach der Geburt richtig kennen – die Frau hat immerhin neun Monate Vorsprung durch die Schwangerschaft. Außerdem hat der Mann weniger Wegweiser für eine Vaterrolle aus seiner Familie mitbekommen. Viele Väter waren abwesend oder haben zu vielen Dingen des Familienlebens geschwiegen: ein blasses Vorbild für jemand, der seinen Weg als Vater noch sucht. Möglicherweise stolpert er über seine eigenen Füße, wenn er sein Ideal und seine persönlichen Fähigkeiten in Einklang bringen will. In welcher Haltung wird er den Weg gehen: Bleibt er stehen, läuft er in den Beruf davon oder findet er zu einem selbstsicheren Gang?

Freitagnachmittag. Manuel hat nach der Arbeit ein Wochenende ohne besondere Pläne vor sich. Auf der Heimfahrt sinniert er vor sich hin: Vielleicht könnte er eine Wanderung machen, zusammen mit dem zweijährigen Timo in der Trage. Als er zu Hause ankommt, wird er sofort von der Familie in Beschlag genommen: Er hat doch das Auto, könnte er bitte schön noch mal mit dem Wagen zum Getränkemarkt und zwei von den schweren Limokisten holen. »Papa, nich weg!«, ruft Timo. Manuel ist gerührt; er greift sich den Kindersitz, montiert ihn und muss sich beeilen, damit er den Getränkemarkt noch rechtzeitig vor Geschäftsschluss erreicht. Timo versteht die Eile nicht und wird quengelig. Als Manuel endlich Timo und die Kisten in die Wohnung wuchtet, empfängt ihn seine Frau nicht gerade herzlich: »Das erste Mal in dieser Woche bist du mit dem Kind unterwegs und da dauert das gleich eine Stunde. Kein Wunder, dass es quengelt ...«

Eigentlich erfüllt der selbstlose Manuel viele Erwartungen, die junge Mütter an ihre Partner stellen. Er schaltet von der Arbeit nahtlos auf Familie um, nimmt seiner Frau unangenehme Aufgaben ab und integriert dabei auch noch das Kind. Er ist ein Mensch, der es allen recht machen will. Seine Aufmerksamkeit richtet sich auf alle anderen, nur nicht auf sich selbst. In dieser Rolle hat er für viele ein offenes Ohr, handelt fürsorglich und ist ein liebevoller Vater.

Männer wie Manuel sind Gefühlsmenschen, die aus der *Mausperspektive* heraus bedächtig handeln. Als solcher wird er gelobt und bestaunt, wenn er Aufgaben übernimmt, sich engagiert und auf Elternabenden blicken lässt. In den Augen mancher Männer lässt er sich zum »Depp vom Dienst« machen. Das verletzt ihn manchmal, besonders wenn ihm daheim kühler Wind entgegenbläst.

Solche Männer waren Vorreiter: Als Softies mitunter verlacht, haben sie aber ein neues Vaterbild geschaffen: Männer, die eine intensive Beziehung zum Kind aufbauen. Allerdings ist aus diesen Vorreitern noch keine große Männerbewegung ge-

worden. Zwar betonen immer mehr Studien und Erziehungsratgeber, wie wichtig es ist, dass der Vater bei der Entwicklung
des Kindes präsent ist. Allerdings mutet diese Entdeckung des
»neuen Mannes« eher wie ein Wunschtraum an, denn sie hat
noch wenig mit der Wirklichkeit zu tun. Nach wie vor nehmen
sich nur wenige Väter tatsächlich viel und intensive Zeit für die
Kinder. Umfragen zufolge stellen sich Paare vor der Geburt des
ersten Kindes vor, dass sie 70 Prozent der künftigen Familien-
aufgaben teilen können. Tatsächlich schaffen es nur wenige
Väter, wirklich regelmäßig für die Kinder da zu sein.

Ein Mann, der aktiv Vater sein möchte, befindet sich nach wie vor in einer ambivalenten Situation. Sein Engagement in Ehren, aber grundsätzlich wird ihm die berufliche Rolle zugeschrieben. Und die entfernt ihn von der Familie. Schließlich hängt das Familieneinkommen daran und in Phasen hoher Arbeitslosigkeit ist ganzer Einsatz gefragt. Wirtschaftlich schlechte Zeiten sind gute Zeiten für Unternehmer: Angestellte trauen sich seltener, nach Teilzeit zu fragen oder Überstundenausgleich einzufordern. Gerade dieses berufliche Argument macht es Männern leicht, sich davonzustehlen und alte Muster weiterzuleben:

> Bert würde sich nicht so einspannen lassen wie Manuel, schon gar nicht am Ende einer Arbeitswoche. Wenn, dann nimmt er die Dinge selbst in die Hand: Die Limokisten würde er, wenn es schon sein muss, aus eigenem Antrieb holen und die Wochenendeinkäufe würde er gleich miterledigen. Nur: Bert ist noch nicht da. Bert kommt so knapp vor Geschäftsschluss nach Hause, dass seine Frau sich schon ins Unvermeidliche gefügt hat und selbst das Nötigste einkauft – ohne Auto. Überhaupt hat Bert Hunger und relativ wenig Zeit. Am Abend muss er zur Vereinssitzung. Er hat das Amt des Schriftführers übernommen und da will er pünktlich sein.

Bert ist ein Arbeitstier. Gewohnt anzupacken, löst er Probleme durch Arbeit. Kommt es dicker, kann Bert noch eins drauflegen und sich erst recht reinknien. Bert, der *Bär*. Er rackert und schuftet, weil er keine Arbeit abgeben kann. Delegieren fällt ihm schwer. Er definiert sich über Arbeit. Manchmal kommt das seiner Umgebung zugute. In erster Linie sorgt er aber für sein eigenes Wohlbefinden, indem er seinen Tatendrang auslebt. Er ist so geschäftig, dass er Probleme gar nicht wahrnimmt.

> Den leeren Blick seiner Frau hat Bert bei seiner kurzen Stippvisite zwischen Heimkommen und Wieder-los-Müssen gar nicht recht wahrgenommen. Zu sehr war er mit sich selbst beschäftigt. Nur als kein Abendbrot in Sicht ist, wird Bert ärgerlich. »Du weißt doch, dass ich gleich wieder weg muss«, schimpft er. Ein hastiges Brot im Stehen und ein vorwurfsvoller Ton: So erleben ihn seine Kinder an diesem Tag. Sie werden schon im Bett sein und schlafen, wenn Bert heimkommt. Am nächsten Morgen erleben sie noch eine kurze, aber heftige Szene. Seine Frau wirft ihm vor, jetzt noch mal zum Einkaufen loszumüssen. Er kontert: »Ich rackere mich die ganze Woche ab und du belästigst mich mit Limokästen!«

Es sind nicht nur gesellschaftliche Erwartungen, die den Mann als Ernährer und seltener als Spielkamerad sehen. Auch von ihrem Elternhaus haben Männer zunächst das Vorbild ihres eigenen Vaters vor Augen. Über zwei Jahrzehnte hat der Junge dieses Lebensmodell aufgesogen, auch wenn er darunter gelitten haben mag. Es bleibt eine Art »Lernen am lebenden Modell«. Je nachdem, wie Männer als Jungen ihren Vater erlebt haben, leiten sie daraus ihr Verhalten in der eigenen Familie ab. Vielfach galt es damals, Deutschland wieder aufzubauen, und diese »Schaffe-schaffe-Mentalität« haben die Alten an die Jungen weitergegeben.

Aufbau-Väter müssen nicht zwangsläufig Arbeitstiere wie Bert hervorbringen. Einige Söhne wählen bewusst einen »karrierefreien« Weg. Wenn der Bruch mit dem eigenen Vater nicht zu stark war, folgen auf die Gründergeneration in der Mehrzahl gewissenhafte Söhne wie Adrian:

> Adrian hat sich vorher alles genau überlegt: erst die solide Ausbildung bei einer Bank. Inzwischen leitet er eine Filiale. Auch die Gründung einer Familie verläuft nach Maß. Seine Partnerin fühlt sich bei seinen Plänen sicher und gut aufgehoben. Jetzt ist er 34, die beiden sind seit zwei Jahren verheiratet und die erste Tochter

kündigt sich an. Wegen des Kindes wird Adrian beruflich nicht zurückfahren. Zum einen ist er der Besserverdienende, zum anderen passt das nicht in seine Karriereplanung. Dazu kommt, dass sie jetzt, wo sie bald zu dritt sind, hauptsächlich auf sein Einkommen angewiesen sein werden.

Adrian trifft seine Entscheidungen aus der *Adlerperspektive*. Von oben ist alles übersichtlich und kontrollierbar. Seine Gefühle hat er im Griff. Kommt es zu Auseinandersetzungen, kann er sich an sein Lebensgerüst halten und argumentiert kühl und rational. Seine Entscheidungen kann er logisch begründen, ja, er versteht gar nicht, warum sich frau über manches so aufregt. Adrian lebt themenorientiert. Seine eigenen Bedürfnisse ordnet er seinem organisierten Leben unter. Auch was seine Partnerin will, entgeht ihm, je gewissenhafter er plant und seine Planungen einzuhalten versucht. Wenn sie ihre Einstellungen ändert und damit seine Pläne durchkreuzt, argumentiert er dagegen.

Je älter ein Mann ist, desto länger ist er mit seinem Beruf »verheiratet«. Nun werden aber auch Väter immer älter. Verlässliche Zahlen, wie alt Männer bei der Geburt ihres ersten Kindes sind, sind schwer erhältlich. Junge Mütter sind hier besser erforscht, und da ist eindeutig: Frauen bekommen immer später Kinder. War die Mehrheit vor 15 Jahren noch zwischen 20 und 25 Jahren alt, so bewegt sich das Durchschnittsalter inzwischen auf das vierte Lebensjahrzehnt zu. Die Hälfte der Frauen sind bereits 30 Jahre und älter, wenn sie ihr erstes Kind bekommen. Da ihre Partner in der Regel gleich alt oder noch etwas älter sind, treten viele Männer ihre Vaterschaft erst Anfang oder Mitte 30 an.

In dieser Lebensphase sind viele schon stark in den Beruf eingebunden. Möglicherweise haben sie im Job bereits eine leitende Stellung, die sich nicht so einfach einschränken lässt. Ihre herausragende berufliche Stellung macht die Entscheidung leicht, wer weiter Geld verdient und wer zu Hause bleibt: In der Regel wird die Frau für einige Jahre aus dem Beruf ganz aussteigen oder zumindest beruflich zurückstecken (vgl. Kapitel »Wer weniger verdient, hat das Kind verdient«). Wenn dann die Frau wieder in die Berufstätigkeit zurückkehren möchte, tut sie das zusätzlich zur Arbeit des Mannes. Selten reduziert der Mann seine Arbeitszeit.

Folglich bleibt den Frauen die Hauptlast der Erziehung. Für die Männer ist der Broterwerb ein gutes Argument, sich aus der Erziehung herauszuhalten – da sind die Männer ihren Vätern ausgesprochen treu. Die Gesellschaft gibt ihnen noch Recht.

Paradoxerweise gilt das Argument »Arbeit oder Erziehung« bei den Frauen nicht. Berufstätige Frauen können sich nicht auf den Job herausreden. Sie werden im Gegenteil häufig gefragt, ob und wie sie es schaffen, Kinder und Beruf unter einen Hut zu bringen. Männern wird diese Frage nicht gestellt.

Über diese Rollenbilder machten sich früher nur wenige Paare Gedanken. Heute diskutieren viele darüber, wenn auch oft erst dann, wenn sich beide in ihren Ansichten widersprechen. Die konkrete Umsetzung ist danach gar nicht so leicht.

> Zwischen Lukas und Laura scheppert es öfter. Lukas (26) ist noch in der Ausbildung, als ihn die Nachricht überrascht, dass er Vater wird. Seine berufliche Zukunft ist noch offen. Seit der Geburt des Kindes lässt er sich von der beruflichen Laufbahn durch Elternaufgaben ablenken. Er verbringt lieber Zeit mit seinem Sohn auf dem Spielplatz, als für die Abendschule zu lernen. Andererseits bleibt er unentschuldigt weg, wenn seine Frau fest damit rechnet, dass er seinen Sohn ins Bett bringt.

Früher fühlte sich Laura durch Lukas' Spontaneität angezogen. Sie liebte seine *Luchsseite*. Inzwischen ist sie auf Sicherheit aus und das vermisst sie bei ihm. Lukas übernimmt nur sprunghaft Verantwortung, zeitliche Absprachen hält er oft ungenau ein.

Von Konflikten lenkt er gerne ab. Im Zweifel läuft er vor einem Problem lieber weg oder reagiert trotzig.

Mit seiner Partnerin kann Lukas eine neue Familienform ausprobieren, auch weil seine berufliche Zukunft noch alle Chancen bereithält. Lukas ist nach außen ein »moderner Vater«, der gerne Zeit mit dem Kind verbringt. Nach innen muss die junge, moderne Beziehung aber erst noch gefestigt werden: Jede Absprache wird neu getroffen.

Frauen, die sich in der Familiengründungsphase nach Sicherheit sehnen, können mit Sprunghaftigkeit nicht mehr viel anfangen – mag sie beim ersten Kennenlernen auch noch so anziehend gewesen sein.

Paare, die vorher glaubten, viele Familien- und Erziehungsaufgaben gemeinsam zu erledigen, haben in den ersten Familienjahren viele Hürden zu meistern. Sie fallen in ein Loch, das umso tiefer ist, je weniger sie von ihren Idealen umsetzen können. Tatsächlich können sich neun von zehn Paaren in der ersten Schwangerschaft vorstellen, einen Großteil der Aufgaben gemeinsam zu erledigen. In der Familienpraxis bleibt aber der überwiegende Teil der Arbeit an den Frauen hängen. Gerade wenn sie moderne Ansichten haben und konkrete Erwartungen an ihren Partner stellen, sind Frauen doppelt enttäuscht, wenn die Realität anders – zu ihren Ungunsten – verläuft. Paare, die damit nicht fertig werden, trennen sich in dieser frühen Familienphase. Zwei bis drei Jahre nach der Familiengründung tritt die erste große Scheidungswelle auf.

Bei Paaren, die die klassische Rollenverteilung bewusst weiterführen wollen, weicht der Alltag nicht so stark von ihren Vorstellungen ab. Vorerst haben diese es leichter. Sie bekommen erst später die heutigen Rahmenbedingungen und Anforderungen an ihre Partnerschaft zu spüren: Womöglich ist die Frau noch keine 50, wenn die Kinder aus dem Haus sind.* Hat sie dann keine Beschäftigung, fällt sie möglicherweise in ein psychisches Loch. Ob ihr langjährig berufstätiger Mann das versteht?

Das wird sicherlich davon abhängen, wie lebendig dieses Paar seine Beziehung gehalten hat. Die Kinder entfallen jetzt als verbindendes Gesprächsthema. Was kommt nun nach? Wenn Paare hierauf keine Antwort finden, wenden sie sich häufig voneinander ab. Das zeigt sich auch an den Scheidungszahlen, die nach 20 Ehejahren nochmals sprunghaft steigen. Überprüfen Sie daher *Familienideal* und *Familienrealität* regelmäßig. Ist die Wirklichkeit so, wie Sie sie sich einmal vorgestellt haben? Wenn nicht, woran liegt es? Ist das Ideal wirklich weltfremd gewesen oder nur durch selbst auferlegte Zwänge aus dem Blick geraten? Wurde das Ideal verworfen, weil es so schwierig ist, sich gegen den eigenen Partner durchzusetzen? Was tun, wenn Wunsch und Wirklichkeit so auseinander klaffen?

Sehen wir uns die Situation der vier Männer Manuel, Bert, Adrian und Lukas ein paar Jahre später noch einmal an. Sollten sie aufeinander treffen, werden sie sich – zumindest zunächst – kaum über Erziehungsthemen unterhalten. Dass sie Rückendeckung brauchen könnten, werden sie nicht so schnell zugeben.

Adrian ist in seiner Karriere als Banker ein paar Stufen nach oben geklettert. Für ihn hat sich in Bezug auf die Familie nicht viel verändert, obwohl sie inzwischen zu viert sind. Erst als seine Frau mit der jüngeren Tochter eine Mutter-Kind-Kur macht und die Ältere bei Papa zu Hause lässt, wird Adrian aus seiner Berufsroutine herausgeholt. Er merkt, was seine inzwischen fünfjährige Tochter alles weiß, entdeckt und ihm zeigen will. In Abwesenheit der Mutter lernt er unter dem Eindruck der eigenen Tochter einen neuen Blickwinkel seines Vater-Daseins

---

* Bundesministerium für Familie, Senioren, Frauen und Jugend: *Die Familie im Spiegel der amtlichen Statistik,* Berlin 2003, S. 80: Väter sind beim Auszug des letzten Kindes im Durchschnitt 51,9 Jahre alt, Mütter 49,6 Jahre

kennen. Ob er sich davon in seiner weiteren Lebensplanung beeinflussen lässt, wissen wir nicht. Aber diese Zeit mit seiner Tochter kann ihm niemand nehmen.

Manuel legt sich nach einem langen, selbstlosen Tag allein ins Bett. War es das? Nur für andere da sein? Seine Kinder erleben ihn zwar als fürsorglich, hofft er, aber er selbst kommt doch dabei zu kurz! Das muss anders werden, beschließt er, bevor er sich umdreht und einschläft.

Bert und Lukas haben sich eher zufällig auf einer Fortbildung kennen gelernt und beschließen, gemeinsam auf ein Bier wegzugehen. Die erste Annäherung macht die Unterschiede der beiden deutlich. Bert erzählt viel von sich, von seinen Projekten, von der ganzen Arbeit, die er hat. »Selber schuld«, denkt Lukas zunächst und hat dem in Stammtischlaune geratenden Bert wenig entgegenzusetzen. Wie kann er, der Sprunghafte, sich in Berts Redefluss einklinken? Erst als beide ein Knirschen in der Partnerschaft andeuten, kommen sie sich näher. Lukas sieht die Strukturen, die Berts Leben einfacher machen. Bert erkennt, dass ihm helfen könnte, andere einzubeziehen. Nach diesem Feierabendbier wollen sie als Väter mit ihren fast gleichaltrigen Kindern etwas unternehmen – und zwar ohne Frauen!

Früher oder später erkennen auch Männer, dass Kinder etwas Besonderes sind. Wie sie ihnen zusammen mit ihren Frauen Dinge für den eigenen Lebensweg mitgeben können, lesen Sie im nächsten Kapitel.

Selbst ist das Kind!

Wie Söhne und Töchter ihren Weg finden

Kinder zu bekommen ist bei uns heute nicht mehr selbstverständlich. Obwohl sie Anfang des dritten Jahrtausends in eine beispiellose Wohlstandsgesellschaft hineingeboren werden, sehen sich heute werdende Eltern Zweifeln ausgesetzt, die ihre Vorfahren nicht kannten. Es klingt paradox: Kinder gelten einerseits als Armutsrisiko. Andererseits sind sie ein wohl kalkuliertes Gut, bei dessen Erziehung nur ja nichts falsch laufen soll.

Eltern sehen sich traktiert mit Ratschlägen, Vorstellungen vom Wunschkind, Fördermöglichkeiten und Vorstellungen davon, was aus dem Kind einmal werden soll. Ist der Nachwuchs dann da, häufen sich die Informationen über Voruntersuchungen, Husten, Impfung, Heiserkeit. Mitunter prasselt auch ohne die Anwesenheit des Kindes viel auf die Eltern ein:

Valerie bittet Rolf zu einem Gespräch am Abend. Die Unterhaltung der Mütter in der Eltern-Kind-Gruppe, in die sie seit letzter Woche geht, beschäftigt sie. Es ging zunächst um Impfungen. Die eine lässt ihr Kind gegen Röteln impfen, die andere lehnt dies kategorisch ab. Wenig später wurde über die Meinung von zwei weiteren Kinderärzten diskutiert und über Lauflernhilfen, die so schädlich sein sollen. Eine Mutter schwört auf ein bestimmtes Bewegungstraining, zu dem sie mit ihrem Sohn geht, damit er leichter laufen lernt. Valerie schwirrt nur noch der Kopf. Haben sie etwas verpasst? Als Rolf das alles hört, schüttelt er zunächst einmal den Kopf. »Mütter!«, fährt es aus ihm raus, was Valerie gewaltig ärgert.

Hoffentlich sind Valerie und Rolf entspannt genug, um hier die Kurve zu kriegen. Wie leicht ließe sich an dieser Stelle ein gehässiger Schlagabtausch über hysterische Gluckenmütter und ignorante Rabenväter führen! Dabei haben sie beide ein ähnliches Problem: Sie fühlen sich überfordert von der Unmenge an Möglichkeiten, was alles ihr Kind brauchen könnte. Die Angst, seinem Kind etwas schuldig zu bleiben, sitzt in den Knochen und wird immer wieder angestochen. Es fängt bei medizinischen Fragen an, doch dabei bleibt es nicht:

Wie ernähren wir unser Kind richtig? Muss es Obst essen, auch wenn es das nicht mag? Welches Spielzeug fördert optimal seine Grob- und Feinmotorik? Ist Holzspielzeug besser als Plastikspielzeug? Welche Kurse sollten wir in welchem Alter besuchen, damit sich unser Kind später in der Schule gut konzentrieren kann?

Darüber haben wir in unserer Gesellschaft fast schon vergessen: Sich das Lebensnotwendige zu holen ist gesunden Kindern buchstäblich in die Wiege gelegt. Sie fordern schon lautstark, bevor Eltern überhaupt über Persönlichkeitsentwicklung und Selbstbestimmung nachgedacht haben.

> Felix – der Name sagt es schon – ist das ganze Glück seiner frisch gebackenen Eltern. Kaum aus dem Krankenhaus entlassen, krempelt der schutzlose Wurm das Leben der Erwachsenen um ihn herum um. Er brüllt, wenn er Hunger hat oder der Magen nach dem Stillen zwickt, wenn er müde ist oder Ansprache braucht. Und: Es funktioniert! Valerie lässt sich zu jeder Tages- und Nachtzeit bewegen, ihm die Brust zu geben, Rolf wiegt ihn geduldig, beide teilen sich den Einschlafritus und kümmern sich um ihn. Die Umgebung der Eltern tritt in den Hintergrund; Felix, der Glückliche, kann selbst bestimmen, ohne dass er das weiß.

Doch trauen wir unserem Kind überhaupt zu, dass es sich selbst meldet, wenn es etwas von uns als Eltern braucht? Wir Menschen halten uns für diejenige Spezies, die auf dieser Welt am meisten entwickelt ist. Das begründen wir auch damit, dass wir am längsten in die Erziehung unserer Kinder investieren. Kein Rotkehlchen, kein Schimpanse und keine Meeresschildkröte ist eineinhalb Jahrzehnte mit Schutz, Füttern und Aufzucht der Brut beschäftigt. Rechnet man noch Abitur und Studium dazu, kann die (finanzielle) Abhängigkeit über 25 Jahre gehen – das ist bei keiner Tierart zu beobachten. Vögel stoßen ihren Nachwuchs einfach aus dem Nest und würden auch nie eine Debatte über Selbstbestimmung führen. Wahrlich, wir Menschen sind am weitesten entwickelt ...!

Spaß beiseite: Der Versuch zu bestimmen, was für das Kind gut ist, mag in vielen Situationen verständlich sein. Wir Eltern schauen heute viel genauer hin, welche Entwicklungs- und Fördermöglichkeiten ein Kind hat. Das ist unbestreitbar positiv und begrüßenswert. Doch mit dem Interesse und dem Wohlstand wächst auch der »Markt der Möglichkeiten«. Bevor wir uns als Eltern durch die »tausend Möglichkeiten« im Detail verlieren und uns auseinander dividieren lassen, sollten wir uns immer wieder Folgendes vor Augen führen:

Das größte Geschenk, das wir unserem Kind für sein Leben geben können, ist, dass es *jeden von uns beiden Partnern als Eltern* erlebt. In jeder seiner Zellen trägt es unsere Erbinformation. Jede Zelle entwickelt sich in Resonanz mit jedem Elternteil. Je besser es jeden von uns beiden kennen lernen darf, desto stärker wird unser Kind ins Leben starten und seinen eigenen Weg finden. Hier geht es also noch lange nicht um pädagogisches Handeln, sondern um die Bereitschaft von Vater *und* Mutter, *mit* dem Kind zu leben. Wenn beide Eltern da sind, lernt das Kind unterschiedliche Verhaltensmuster und erhält mehr Familienwissen. Im späteren Leben wird ihm die Wahlmöglichkeit helfen, sich in den verschiedensten Situationen im Leben zurechtzufinden.

Vater und Mutter sind in unterschiedlicher Weise für die Entwicklung des Kindes wichtig. Darüber hinaus macht es einen Unterschied, ob ein Kind als Junge oder als Mädchen heranwächst. Stellen wir dem Felix in unserer Beispiel-Familie noch eine Schwester zur Seite, um uns diese Unterschiede vor Augen zu führen.

> Mutter Valerie hat sich mal wieder über einen Anruf geärgert. Sie zieht sich schmollend in die Küche zurück. Felix und Felicitas schauen als Säuglinge zu Mama rüber. Sie sehen ihr verkniffenes Gesicht, hören ihr säuerliches Murmeln und nehmen ihre angespannte Körperhaltung wahr. Diese Reaktion kennen beide Kinder schon bald: Immer wenn Mama wütend ist, reagiert sie so.

Bereits in den ersten Lebensmonaten lernen Kinder von den Eltern, wie man bzw. frau mit Gefühlen umgeht. Unbewusst speichern sie das unterschiedliche Verhalten der Eltern ab. Nun haben Babys in der Regel im ersten Lebensjahr mehr Kontakt zur Mutter als zum Vater. Was im Stillalter noch von der Natur vorgegeben ist, erhält sich durch die arbeitsteilige Berufswelt meist über Jahre. Jungen wie Mädchen wachsen vorwiegend bei ihren Müttern auf, die Väter sind in den meisten Familien nur stundenweise anwesend. Dadurch ergibt sich ein ungleiches Kennenlernen.

> Felicitas ist anderthalb Jahre alt, als Valerie ihre Tochter eines Tages auf dem Sofa findet. Sie kauert im Eck mit verkniffenem Gesicht und murmelt leise wütend vor sich hin. Ob es Valerie recht ist oder nicht: Felicitas hat sich bei der Mutter abgeschaut, was frau tut, wenn sie wütend ist.

Die Tochter erlebt in ihrer Entwicklung zuerst ihr gleichgeschlechtliches Vorbild. Sie macht damit früher als ihr Bruder eine Erfahrung des ICH: Sie beobachtet ihre Mutter und erhält ein Vorstellung davon, wie Frauen mit Wut umgehen. Felicitas weiß früh, wie Frauen sind. Mit dem Frauenbild, das die Mutter ihr vorlebt, wird sie sich als Kind identifizieren – und später in der Pubertät kritisch damit auseinander setzen.

Der Sohn, in unserem Beispiel Felix, erlebt in der Auseinandersetzung mit seiner Mutter zuerst ein DU. Er lernt zunächst das andere Geschlecht kennen. Noch hat er kein passendes gleichgeschlechtliches Vorbild. Danach wird er in der nächsten Zeit suchen.

Jetzt wird es für Felix spannend. Was wird er bei seinem Vater erleben? Ist Papa auch wütend? Wie zeigt er seine Wut? Ist Papa überhaupt da? Ein mehrfacher Zielkonflikt für einen Jungen wie Felix! Die Phase, bis er den Weg zu sich selbst und seinen Gefühlen findet, wird länger dauern, als dies bei seiner Schwester der Fall ist.

> Felix ist jetzt vier Jahre alt. Er weiß inzwischen, dass es Jungen und Mädchen, Männer und Frauen gibt. Er sieht, wie Mama wütend ist, will ihr das aber so nicht nachmachen. Wie macht es der Papa? Schon ein paarmal hat er inzwischen miterlebt, dass Papa laut wird, wenn ihm der Kragen platzt.

Für Felix bedeutet der Kontakt zum Vater, endlich der Person in die Augen zu schauen, der er wesensmäßig verwandter ist, der Person, mit der er sich identifizieren will. In der Auseinandersetzung mit seinem Vater macht Felix seine erste ICH-Erfahrung. Wenn der Vater wesentlich seltener da ist, wird er umso intensiver nach einem männlichen Vorbild suchen. Das erklärt auch, warum Jungen allein erziehender Mütter überdurchschnittlich häufig verhaltensauffällig sind. Nicht etwa, weil ihre Mütter sie mangelhaft erziehen (diesen Schuldvorwurf machen sich allein erziehende Frauen zu Unrecht!), sondern weil diese Jungen in alle Richtungen suchen, wohin sie sich entwickeln sollen. Bei dieser Suchbewegung fassen sie allzu oft ins Leere, weil wieder nur Frauen in den Kindereinrichtungen auf sie warten. Denn was nützt einem Jungen zu wissen, wie Frauen Gefühle zeigen, wo er doch ein Mann werden will!

> Felicitas hat ebenfalls ihren Vater genau beobachtet. Zunächst hat sie das laute Schreien geängstigt. Inzwischen weiß sie, dass Papa auch wieder lieb zu ihr ist, wenn sich sein Ärger gelegt hat.

Als Tochter erfährt sie in der Auseinandersetzung mit ihrem Vater erstmals ein DU, das andere Geschlecht. Er ist der erste Mann in ihrem Leben – als Papa ihr in vielem so ähnlich und doch ganz anders. Er wird ihre Einstellung zu und ihren Umgang mit Männern prägen.

Uns ist oft nicht bewusst, welch starke Vorbilder wir als erster Mann und als erste Frau im Leben unserer Kinder sind. Kinder nehmen unser Verhalten sehr genau auf, mehr als lehrende oder ermahnende Worte, und übernehmen es. Nicht immer macht es uns glücklich, dass unser Kind bestimmt, was es sich von uns abschaut. Dazu ein weiteres Beispiel:

> Der vierjährige Felix geht seit einiger Zeit zum Schwimmkurs. Ein paarmal ist auch sein Vater Rolf dabei, doch das eher widerwillig. Während Felix in das riesige Becken soll, sitzt Rolf am Rand und guckt zu. Felix nörgelt und kann sich mit dem Nass nicht so recht anfreunden. Kein Wunder, denn er erlebt die Haltung seines Vaters: »Lerne du schwimmen, aber mach mich nicht nass!«

Das Beruhigende daran: Die Identifikation mit dem Vater ist gut gelaufen, er ist »ganz der Papa«. Ungünstig nur, dass das mit dem Schwimmen noch dauern wird. Die nächste Chance wartet in der Pubertät auf Felix, wenn er dem Vater zeigen möchte, dass er ganz anders ist als er.

Beobachten Sie Ihren Jungen bzw. Ihre Tochter, wenn er oder sie eines Tages auf sein/ihr Kuscheltier wütend ist: Wessen Art, Wut zu äußern, zeigt Ihr Kind?

Nach dem größten Geschenk, jeden von uns beiden Elternteilen kennen zu lernen, bereiten wir unserem Kind das zweitgrößte, wenn es erlebt, dass wir *als Eltern gut zusammenspielen*. Auch diese Mitgift ist noch weit entfernt von konkreten pädagogischen Leitlinien wie »Wie viel Fernsehen ist förderlich?«. Unabhängig davon, welches pädagogische Konzept die Eltern verfolgen, nährt sich die kindliche Seele vom *entspannten Miteinander* von Vater und Mutter. Kinder würden sagen: »Hauptsache, Mama und Papa sind gut drauf, dann kann im Leben nichts mehr schief gehen.« Wenn beide Eltern Vollkornbrot gut finden, isst ein Kind mühelos Vollkornbrot; sind beide Fans von Weißbrot, schadet auch das keinem. Schädlich ist nur das Frust-Essen, wenn Kinder oder Eltern über die Mahlzeiten Beziehungsspannungen abbauen wollen, oder wenn über Öko-Bio-Diskussionen Machtspiele ausgetragen werden.

Die Kinder machen nach dem ICH und DU nun die Erfahrung des WIR: Sie sehen Vater *und* Mutter und lernen, wie Beziehung zwischen Mann und Frau funktioniert. Dieses Zusammenspiel wird sie als erwachsene Kinder in ihren Partnerschaften begleiten.

Es ist oft so paradox: Während die Eltern noch streiten, was die Kinder am dringendsten bräuchten, nehmen die Eltern den Kindern das, was diese sich am dringendsten wünschen: zufriedene, glückliche Eltern, die miteinander lachen.

Erst in dritter Linie sind unsere konkreten *Erziehungsvorstellungen* für unsere Kinder wichtig. Dabei interessiert es sie herzlich wenig, was wir über Dinge denken. Sie schauen, was wir in die Tat umsetzen. Im Zweifelsfalle vertraut ein Kind dem, was der Erwachsene tut, und nicht dem, was er sagt. Kinder lernen uns über die Beobachtung der Körpersprache verstehen und erst in zweiter Linie über das Hören.

Schon in den ersten Lebenswochen bilden die Eltern ihre unterschiedlichen Erziehungsstile heraus: Rolf wird Felix ein bisschen anders im Arm halten als Valerie. Manche Tätigkeiten übernimmt nur Valerie, andere Rolf. Felix erkennt also sehr bald am Umgang, wer ihn gerade füttert, hält und beruhigt, und er merkt sich, dass Vater und Mutter unterschiedlich reagieren.

> Valerie ist tagsüber für Felix da. Im Trubel um Kochen, Wickeln, Arztbesuche und Kind-Beschäftigen kommt sie selten dazu, mit Felix herumzualbern oder ihn aus Spaß gar in die Luft zu werfen. Das tut Papa Rolf, wenn er von der Arbeit heimkommt. Felix merkt: Hoppla, auch wenn der Große mit der dunklen Stimme seltener da ist: Dieses Gefühl der Schwerelosigkeit habe ich nur bei ihm.

Es gibt also durchaus Unterschiede zwischen beiden Eltern, *was* sie mit dem Kind tun. Ein Elternteil fördert mehr die Grobmotorik, wenn er herumtobt oder Fangen spielt. Der andere achtet mehr auf feinmotorische Fähigkeiten mit Fingerspiel, Babymassage, Turmbauen und Steckspielen. Einer fördert mehr die musikalische Begabung mit Singen, Tanzen, Trommeln, der andere unterstützt mehr die Lust an Konzentrationsspielen. Keine Sorge: Das Kind nimmt sich, was es braucht – und das wird oft das sein, woran es mehr Spaß hat. Gleichzeitig akzeptiert das Kind, dass es nicht alles von jedem bekommt. Eine wertvolle Erfahrung für das spätere Leben! All das saugt ein Kind auf – umso mehr, wenn es spürt, dass das andere Elternteil dieses Tun unterstützt.

Natürlich gibt es auch Unterschiede, *wie* etwas mit dem Kind getan wird. Ein Kind lernt schnell, dass Eltern unterschiedlich sind. Das ist so lange kein Problem, solange Eltern ihr Tun nicht gegenseitig abwerten.

> Bei Valerie ist das Wickeln von Felix eine schnelle Routine neben vielen Dingen, die sie im Alltag erledigen muss. Wenn Rolf sich einmal über den Wickeltisch beugt, ist das ganz anders: Rolf

macht erst einmal Kitzelspiele, bevor er zur frischen Windel greift und Felix »abdichtet«. Valerie würde in seinem Tempo nie mit dem Haushalt fertig werden, aber das macht nichts: Sie ist in dem engen Bad nicht zugegen, Rolf und Felix haben ihren Spaß und Valerie hat Kopf und Hände für anderes frei.

Stressig wird es, wenn das Kind auf Papa zuläuft und es Mamas enttäuschtes Gesicht sieht, oder wenn es mit Mama kuschelt und mitbekommt, dass Papa brummend den Raum verlässt.

In jedem Erziehungsratgeber werden Sie lesen, wie wichtig Körperkontakt und emotionale Nähe für Kinder sind. Ja! Schmusen und Herumalbern sind gut fürs Kind! Doch was geschieht, wenn es damit ein Elternteil verletzt? Ein Gefühlschaos entsteht in der kindlichen Seele: Das Kind erlebt gleichzeitig Glück, Liebe, Angst und Trauer. Es wird nun dieses Gefühlschaos auf irgendeine Weise zu ordnen versuchen: Entweder drückt es die unangenehmen Gefühle weg – und stößt damit innerlich ein Elternteil weg. Oder es schwankt zwischen angenehmen und unangenehmen Gefühlen – es lacht, wird ruhig, lacht wieder und wird wieder ruhig. Oder es drückt *alle* Gefühle weg, bekommt beispielsweise einen leeren Blick und wendet sich einem Spielzeug zu. Hat ein Kind häufig solch anstrengende psychische Arbeit zu leisten, wird sich diese Anspannung als Aggression oder Nervosität äußern.

Dies zeigt nochmals, dass das Miteinander der Eltern dem konkreten Handeln vorgeordnet ist. Deshalb sollten wir uns als Eltern zuerst um unsere Zusammenarbeit kümmern, bevor wir uns im pädagogischen Detail verlieren.

Felix wird mit und ohne Röteln-Impfung glücklich heranwachsen – selbst für Felicitas erhält diese Entscheidung erst in der Pubertät wesentliche Bedeutung. Bis dahin werden sich beide Kinder noch viel von ihren Eltern abschauen und in vielen Bereichen selbst bestimmen, was für ihre Zukunft wichtig ist.

Was Ihnen weiterhilft

- Lassen Sie sich durch die »tausend Möglichkeiten, Fehler zu machen« nicht aus der Ruhe bringen. Es muss nicht alles auf einmal entschieden werden.
- Geben Sie Ihrer elterlichen Zusammenarbeit Vorrang vor einzelnen Sachentscheidungen. Keine noch so pädagogisch wertvolle Handlung nützt dem Kind mehr als Ihr Miteinander.
- Sprechen Sie ab, wann Sie sich für Kinderthemen Zeit nehmen.
- In der Zwischenzeit notieren Sie wichtige Themen auf einem Zettel, zum Beispiel »Impfung«. Nehmen Sie sich pro Gespräch ein bis zwei Themen vor, für die dann ausreichend Zeit ist.
- Wenn Sie unsicher sind, sagen Sie das Ihrem Partner. Schließlich ist keiner von Ihnen »Profi«, also darf Unsicherheit sein. Vielleicht ist Ihr Partner in bestimmten Punkten sicherer oder Sie überlegen, wo Sie die nötigen Informationen erhalten, um die Frage für Ihr Kind zu entscheiden. Zum Beispiel: »Ich brauche deine Unterstützung. Ich weiß nicht, ob es richtig ist, unseren Sohn gegen Röteln zu impfen.«
- Wenn Sie bereits in Ihrer Meinung sicher sind, holen Sie zumindest das O.K. von Ihrem Partner ein, beispielsweise: »Ich habe mich über Impfungen informiert. Ich glaube, für unser Kind ist am besten, dass ... Bist du einverstanden?«

Das Miteinander können Sie auch in den Situationen brauchen, in denen Sie Ihr Kind noch nicht selbst bestimmen lassen. Dann ist es wichtig, Grenzen aufzuzeigen und »kleinen Tyrannen« Halt zu geben. Mehr dazu auf den nächsten Seiten.

Kleine Tyrannen suchen Halt

Wie Eltern effektiv Grenzen setzen

Erwachsene haben ein Gefühl dafür, was erlaubt, zumutbar oder lebensbedrohlich ist. Als Eltern werden ihnen diese Grenzen noch einmal deutlich. Kinder müssen diese Grenzen erst lernen und dazu sind Sie das Vorbild. Kinder fordern uns daher ständig heraus, weil sie – zunächst unbewusst – testen wollen, ja testen müssen, wie weit sie gehen können. Nur so lernen sie, ihren Freiraum zu nutzen. Das treibt Erwachsenen immer wieder Schweißperlen auf die Stirn, wie das folgende – authentische – Beispiel zeigt.

> Christopher ist eineinhalb Jahre alt und ein sehr neugieriges Kind. Gerade ist ihm ein Glas zerbrochen. Er will sich hinknien und die Scherben auf dem Boden untersuchen, doch da greift seine erschrockene Mutter ein. Sie räumt erst das Kind aus der Gefahrenzone, dann kehrt sie die Scherben auf.
>
> Sie traut ihren Augen nicht, als Christopher bei der nächsten Gelegenheit ein Glas ergreift und es diesmal bewusst am Boden zerbricht. Er will das Klirren noch einmal hören und seine unterbrochene Untersuchung der Scherben fortsetzen.

Christopher ist zwar ein Missgeschick passiert, aber offensichtlich ist er nicht an seine eigenen Grenzen gestoßen: Hätte er sich geschnitten und einen Schmerz gespürt, wäre er wohl sofort zurückgezuckt. Seine Mutter hat dagegen eine sehr natürliche Grenze gezogen: Sie fürchtete Verletzungen, konnte ihm aber die Bedrohung offensichtlich nicht klar genug machen. Hätte sie sich niederknien und zusammen mit Christopher die Scherben untersuchen sollen, bis einer blutet oder »Au!« schreit?!

Als Eltern werden Sie die Erfahrung machen, dass das Thema »Grenzen setzen« Sie über die ganze Erziehungszeit begleiten wird. Bei Christopher ist es der Reiz des zerbrochenen Glases. In zehn Jahren wird es vielleicht der Reiz der ersten Zigarette sein und mit 18 wird er den Reiz der Geschwindigkeit mit dem neuen Führerschein in der Tasche auskosten wollen. Später einmal, wenn es um die flügge gewordenen Kinder geht, werden sich die Grenzen noch einmal verschieben. Grenzen werden Sie sogar brauchen, wenn Sie alt und grau sind und Großeltern werden. Dann werden Ihre eigenen Kinder vielleicht Grenzen setzen, wie viel Besuch sie in der ersten, anstrengenden Familienphase verkraften. Solche Grenzen müssen Sie vielleicht jetzt Ihren eigenen Eltern gegenüber ziehen.

Entwicklung und Wachstum sind stets mit Grenzüberschreitung verbunden. Es ist also etwas ganz Natürliches, wenn Ihr Kind täglich seine Grenzen (und damit oft auch Ihre) testet. Dabei ringen zwei gegensätzliche Kräfte miteinander: einerseits die *Neugier*, die verbunden ist mit dem Wunsch nach Entwicklung, Größerwerden, Wachstum und Neuem: »Ui, die Kellertür steht auf, ich höre Mama unten aufräumen, soll ich da die Treppe runterklettern?«, andererseits die *Angst*, so weit zu gehen, dass etwas passieren könnte, die Angst vor Überforderung und Unbekanntem: »Hu, das ist aber dämmrig da unten und die Stufen sind so komisch kalt, glatt und steiler als in der Wohnung. Außerdem höre ich Mama im Moment gar nicht!«

Kinder suchen, wenn sie Grenzen ausloten, nach Orientierung. Besonders bei größeren Entwicklungsschritten braucht ein Kind unsere Unterstützung:

- vom Säugling zum Kleinkind, wenn es seine Umgebung erstmals krabbelnd und wacklig gehend erkundet;
- beim Eintritt in den Kindergarten, wenn es erstmals allein in einer Kindergruppe sich zurechtfinden muss;
- beim Übergang in die Schule, wenn es still sitzen, lesen und schreiben lernt;
- in der Pubertät, wenn es in endlosen Testläufen grundsätzlich alles hinterfragt.

In diesen Übergangszeiten braucht ein Kind ganz besonders einen Rahmen, der ihm Halt gibt.

Ein Teufelskreis entsteht, wenn Mutter oder Vater vor den Testversuchen des Kindes zurückweichen und den Konflikt scheuen: wenn sie »um des lieben Friedens willen« nachgeben. Noch schwieriger wird es für das Kind, wenn die Eltern entgegengesetzt sprechen oder entgegengesetzt handeln.

Für ein Kind sind manche Reaktionen nicht gleich nachvollziehbar: Ist das ein »Nein«, weil Mama müde oder genervt ist oder weil wirklich Gefahr droht? Und sagt Mama morgen in der gleichen Situation wieder »Nein«? Und was ist mit Papa? Wie reagiert er? Was gilt überhaupt: Was Mama oder was Papa sagt? Und ist das auch ganz gewiss so?!

Grenzen sind für Kinder nur nachvollziehbar, wenn sie über einen längeren Zeitraum *immer* gelten. Ein Kind erforscht und testet das Verhalten von Mutter oder Vater immer wieder, bis es in deren Verhalten einen sicheren Rückhalt für seine Entwicklung findet. Rückhalt findet es dann, wenn die Eltern in gleicher Weise reagieren. Nicht immer ist das sofort möglich. Folgendes Beispiel greift so eine Situation auf.

> Im Laufe des Tages hat die Mutter ihrem zweijährigen Sohn Alex mehrfach verboten, an der Stereoanlage herumzuspielen. Das Gerät, das mit blinkenden Tasten in seiner Augenhöhe steht, zieht Alex magisch an. Der Vater hat das nicht mitbekommen. Er zeigt Alex am Abend, wie er das Kassettenfach öffnen kann, um seine Lieblingskassette mit der Kindermusik einzulegen. Er ist stolz, dass sein Sohn so technisch begabt ist.

Hier könnte die Lösung lauten, dass die Eltern sich gegenseitig informieren, welche Regeln sie zuletzt eingeführt haben. In diesem Fall erlebt Alex zunächst zwei unterschiedliche Regeln. Die neue Absprache könnte lauten: Bedienung der Anlage ja, aber nur, wenn ein Erwachsener dabei ist.

Grenzen sind für Kinder nur dann verständlich, wenn sie beide Eltern ziehen. Alle noch so gut gemeinten pädagogischen Richtlinien zielen ins Leere, wenn sie nur von einem Elternteil eingehalten werden. Das Kind wird in seinem Entwicklungsdrang immer die weitere Grenze, sprich den größeren Spielraum wählen. Die engere Grenze des vorsichtigeren oder strengeren Elternteils wird dadurch ausgehebelt, ad absurdum geführt.

> Julia quengelt, wenn sie in den Kindergarten losgehen soll. Manchmal hat sie damit Erfolg, dann bleibt sie daheim. Ein anderes Mal kann sich das Mädchen nicht durchsetzen. Was gilt nun?

Je häufiger Julia mit dem »Ich will daheim bleiben« Erfolg hat, desto länger wird sich die Eingewöhnungsphase im Kindergarten hinziehen. Wenn Julias Eltern die hohe Anforderung an das junge Kindergartenkind spüren, können sie ihm anders besser helfen. Nach der Anstrengung im Kindergarten bieten sie Julia eine Kuschelrunde oder eine leckere Zwischenmahlzeit an – Zeit, um wieder daheim anzukommen. So geben sie ihr einen Rahmen, in dem Julia sich gehalten weiß.

Die Auseinandersetzung mit Halt suchenden »Tyrannen« kann nervtötend sein (vgl. Kapitel »Selbst ist das Kind!«). Sie können jedoch aus negativen Test- und Verweigerungsmustern eine *positive Beziehungsspirale* formen, wenn Sie sich Folgendes vor Augen führen:

Je klarer Ihre Botschaft als Eltern, desto mehr Sicherheit erhält Ihr Kind. Es hat dann umso weniger Testbedürfnis und Sie als Eltern müssen umso weniger um Ihre Autorität kämpfen.

Damit Ihre Botschaft für das Kind klar ist, sollten Sie sich als Eltern einig sein. Dann fühlt sich Ihr Kind sicher und braucht die Beziehung zu Ihnen viel seltener zu überprüfen. Umso leichter findet Ihr Kind Ruhe und einen Halt, an dem es sich orientieren kann.

Gelingt Ihnen diese Beziehungsspirale aus Einigkeit und klaren Botschaften, erleben Sie eine Phase der Bestätigung: Balsam für die Nerven von allen.

Die Frage, wie viel Grenzen ein Kind braucht, stellt sich im Laufe der Erziehung immer wieder neu. Sie wird von vielen Faktoren beeinflusst: Erwartungen der Gesellschaft, eigene Erziehungsideale, die Realitäten, auf die Ihre Erziehungsideale treffen, und ganz objektive Gefahren spielen dabei eine Rolle. Sie wägen leichter zwischen diesen Faktoren ab, wenn Sie sich zwei *Schlüsselfragen* immer wieder neu beantworten:

- An welchen Stellen trauen Sie Ihrem Kind bereits zu, selbst die Verantwortung zu übernehmen und Dinge zu entscheiden?
  Hier soll es den nötigen *Freiraum* erhalten.
- Wo fühlen Sie sich als Eltern für Ihr Kind verantwortlich und wollen es schützen und fördern?
  Hier setzen Sie ihm eine *Grenze.*

Kinder erobern sich im Laufe der Kindheit Stück für Stück ihre Welt, so dass sie mit 18 Jahren voll und ganz für sich die Verantwortung übernehmen und ihre Freiräume genießen können.

Deshalb sind Grenzen sinnvoll und wichtig:

- Sie schützen Ihr Kind damit vor *Gefahren*, die es selbst noch nicht erkennen oder richtig einschätzen kann. Sie übernehmen die Verantwortung für die *äußere Sicherheit:* Der Entdeckerdrang auf dem Wickeltisch hat einfach Grenzen, wenn das Baby herunterfallen könnte. Kleinkinder müssen beim Radfahren lernen, die Gefahren des Straßenverkehrs einzuschätzen. Grenzen gelten bei drohenden Unfällen oder

Krankheiten, aber natürlich auch bei Themen wie Schule schwänzen im Jugendalter.

- Sie fördern damit den *Familienzusammenhalt*. Kinder sind von Natur aus Egoisten. Sie lernen erst durch uns Erwachsene soziale Regeln wie gemeinsame Mahlzeiten, Tischmanieren, Freizeitgestaltung, Haushaltsmanagement. Sie übernehmen hier die Verantwortung für *gemeinsame Bedürfnisse*.
- Ihr Kind lernt damit *gegenseitige Achtung*. Etwa wenn Mutter oder Vater nach der Arbeit Zeit zum Ausruhen braucht. Oder bei kräftigen Auseinandersetzungen zwischen Geschwistern. Wenn das Elternleben einen Intimraum braucht – all das betrifft die Verantwortung für *individuelle Bedürfnisse*.

Wichtig ist dabei, dass die Grenzen dem *Alter* des Kindes *entsprechen:* Zeiten, ins Bett zu gehen oder vor dem Fernseher zu sitzen, wachsen mit dem Alter mit.

Viele Grenzen sind deutlicher und auch leichter einzuhalten, wenn Sie sie in *klare Regeln* verpacken. Und auch diese Regeln gehören geregelt:

- Wenn Eltern *am gleichen Strang ziehen,* ist das bereits die halbe Miete. Besprechen Sie regelmäßig, welche Dinge Ihr Kind darf und was Sie ihm verbieten: »Das Gartentor bleibt geschlossen – draußen fahren Autos vorbei. Das ist gefährlich für dich.«
- Gegenseitige Unterstützung hilft bei der Umsetzung Ihrer Familienregeln. Wenn Sie bei unerwarteten Anfragen unterschiedlicher Meinung sind, kann folgende Faustregel gelten: *Das Zuerstgesagte hat Vorrang.* Die Mutter sagt dann zum Beispiel: »Papa hat dich zum Essen gerufen, also komm rein.« Am Abend können Sie ja, falls Sie anderer Meinung sind, ohne die Kinder nochmals darüber reden und gegebenenfalls eine neue Regelung finden.
- Alle Familienmitglieder sollen die *Regeln kennen,* die klar ausgesprochen werden. Nur wenn alle wissen, was erlaubt

ist und was nicht, können sie sich daran halten: »Die Hände vom Kleinkind gehören noch nicht an die Stereoanlage, es sei denn, Papa oder Mama ist dabei.«

- Regeln brauchen *Konsequenzen*. Diese Konsequenzen sollten möglichst eng mit dem Thema verbunden sein und direkt erfolgen: Bleibt beim Essen nach drei Bissen der Löffel im Teller (»Ich habe keinen Hunger mehr!«), dann kann es keinen Nachtisch geben. Wirft ein Kind den Brotkorb auf den Boden, muss es ihn wieder aufheben. Herrscht in seinem Zimmer Chaos, muss es beim Aufräumen mithelfen.
- Im Unterschied zu Konsequenzen sind *Strafen problematisch*. Sie stehen in keinem Zusammenhang zur Regelverletzung. Mit Strafen strafen sich die Eltern selbst. Fernseh-, Computer- und Süßigkeitsentzug machen diese Bereiche erst richtig attraktiv: »Wenn du jetzt nicht brav bist, gibt's nachher kein Fernsehen.« Das heißt für das Kind: »Fernsehen ist mega-wichtig!«
- *Weniger ist mehr.* Wenige überlegte »Neins« und viele klare »Jas« schaffen Lebensräume, in denen Ihr Kind wachsen und sich weiterentwickeln kann. Prüfen Sie, ob ein vorschnelles »Nein« sich nicht auch als »Ja, und zwar dann und dann« formulieren lässt: »Du kannst gerne noch etwas Süßes haben, und zwar *nach* dem Abendbrot. Wir essen in einer halben Stunde.«
- *Geben Sie Halt,* anstatt zu bestrafen oder zu bestechen. Es gibt Tage, an denen eine Auseinandersetzung die nächste jagt. Sie werden das Gefühl nicht los, Ihr Kind wird immer wütender, unabhängig davon, wie sanft oder aggressiv Sie reagieren. Suchen Sie nach Wegen, wie Sie nach dem Wutausbruch Ihr Kind in den Arm nehmen können, um ihm zu zeigen: »Ich halte dich aus, egal, wie du dich verhältst.« (Vgl. Kapitel »Hilfe, unser Kind hat Wutausbrüche!«)
- Vielleicht hilft Ihnen, auch mal *eigene Schwächen zuzugeben*. Das macht Sie menschlich und Ihr Kind wird die übergro-

ßen Eltern mal auf Augenhöhe erleben. Wieder ein Beispiel: Sie haben sich gerade den Finger eingeklemmt und deswegen herzhaft geflucht. »Nnicht sssimpfeil«, kommt da das Echo vom Kind – in Ihrem Tonfall. Und da hat Ihr Kind doch Recht, oder?

- Regeln und Methoden hängen von der inneren Stärke der Eltern sowie dem Temperament des Kindes ab. *Überlegen* Sie gemeinsam, *was wirkt*. Drohen Sie Ihrem Kind, das bei Freunden spielt, mit »Wenn du nicht mitkommst, bleibst du heute Nacht da«, kann das auf ein schüchternes Kind beängstigend wirken. Für ein forsches Kind ist es geradezu eine Einladung weiterzuspielen – es bleibt gerne da! Oder es ist eine leere Drohung, denn das Kind weiß, dass Mama das nicht durchhält und nach zwei Minuten zurückkommt.
- Sie können Regeln, die Ihnen wichtig sind, noch mit der *Körperhaltung* unterstreichen. Der mahnend wackelnde Zeigefinger von oben herab ist weniger eindrucksvoll. Gehen Sie besser in direkten Kontakt mit Ihrem Kind: Begeben Sie sich auf Augenhöhe des Kindes, schauen Sie es gezielt an und halten Sie es an beiden Oberarmen fest. Diesen »Halt« prägt sich bereits ein Kleinkind ein und es weiß bald: Hoppla, Oberarmhaltung, jetzt kommt etwas Ernstes!

Meistens werden Eltern kalt erwischt, wenn das Kind etwas fordert und sie dann schnell reagieren müssen. Vielleicht wappnen Sie sich für den nächsten Grenzziehungstest mit einem selbst gewählten Beispiel – hier eines zur Verdeutlichung:

Wappnen Sie sich mit einem Gespräch

In der folgenden Situation werden Sie eine Grenze ziehen müssen:

Ihr Kind spielt noch bei den befreundeten Nachbarskindern im Garten. Zu Hause hat der Partner das Essen gekocht. Die Oma ist gerade zu Besuch und freut sich auf das Enkelkind. Sie sind unterwegs, Ihr Kind heimzuholen.

Beantworten Sie die folgenden Fragen zunächst jeder für sich allein.

- Was soll Ihr Kind genau *tun*? Mitkommen, weiter- oder fertig spielen? Wie *vermitteln* Sie ihm das?
- *Was beeinflusst Sie,* wenn Sie nun Ihrem Kind eine Grenze setzen? Sind Sie gut gelaunt, genervt und/oder unter Zeitdruck?
- Welche *Personen* spielen hier eine Rolle? Wie könnten diese Sie unterstützen?
- Welche *Gefühle* leiten Sie in der Situation?
- Welche *Methoden* verwenden Sie, um Ihr Kind von Ihrem Interesse (hier: nach Hause kommen) zu überzeugen?

Danach tauschen Sie sich mit Ihrem Partner aus. Sie werden sehen: Grenzen setzen wird leicht, wenn Sie die Rückendeckung Ihres Partners spüren. Überlegen Sie, wie Sie sich in Zukunft noch stärker gegenseitig unterstützen können.

Wie es weitergehen kann

Teamwork lernen wir nirgends so intensiv wie in der Familie, die wir selbst gegründet haben. Hier haben wir die größte Gestaltungsfreiheit – es liegt an uns, sie zu nutzen. Wenn wir uns als Eltern gegenseitig unterstützen, können wir neue Seiten an uns entdecken: mal wie ein Adler das Familienleben überblicken, wie ein Bär für unsere Kinder sorgen, wie ein Luchs mit ihnen die Welt erforschen oder wie eine Maus mit den Kindern fühlen.

Die Themen werden sich im Laufe der Jahre ändern, nicht aber die grundsätzlichen Wünsche, die Kinder an uns Eltern haben: *Sie brauchen uns beide als Vater und Mutter. Sie wollen unsere Art zu leben kennen lernen, damit sie gut in ihr eigenes Leben starten können.*

Die »Krisenklassiker der Kleinkindphase« haben gezeigt, wie vielfältig die Herausforderungen sind, die wir als Eltern im Laufe der Jahre zu meistern haben. Sie bieten zugleich die Chance, einander als Partner intensiver kennen zu lernen und miteinander zu wachsen. Auch in den darauf folgenden Jahren wird es eine Kunst bleiben, die Elternaufgabe ernst zu nehmen, sich aber nicht durch pädagogische Höchstansprüche zu verbiegen. Die gemeinsamen Anstrengungen der ersten Zeit bilden dann eine Basis, auf der Eltern aufbauen können.

Wir wünschen Ihnen, dass Sie in allen Phasen der Erziehung Ihrer Kinder Ihren ursprünglichen Wunsch, als Eltern zusammenzuarbeiten, im Auge behalten und ihn Stück für Stück in die Tat umsetzen. Solange Sie neugierig aufeinander sind und im Gespräch bleiben, ist der Weg zu einem Miteinander offen.

Danksagung

Angeregt zu diesem Buch wurden wir durch das Partnerschafts-training »Eltern werden – Partner bleiben«, das wir gemeinsam seit 2002 regelmäßig in Regensburg anbieten. Dieses Training möchte Paare auf den Übergang von der Zweierbeziehung zur Familie gut vorbereiten, indem sowohl Paar- wie auch Eltern-themen aufgegriffen werden. Es wurde als Modellprojekt von der Universität Augsburg begleitet, mit Mitteln des bayerischen Familienministeriums gefördert und von der Elternschule des Katholischen Bildungswerkes und dem Familienbund der Ka-tholiken in Regensburg angeboten. Wir danken Evi Meier, die uns das Seminar vermittelt hat, und Dr. Gerhard Kellner, der als Initiator dieses Projekts unsere Arbeit unterstützt.

Das Thema »tragfähige Elternbeziehung« beschäftigt uns schon länger.

In der Paarberatung mache ich, Eva Tillmetz, die Erfahrung, dass die Erziehungsaufgabe ein großer Stressauslöser in der Partnerschaft ist. Viele meiner Klienten ringen als junge Eltern mit der neuen Familienverantwortung. Sie wollen der Gefahr begegnen, sich als Paar aus den Augen zu verlieren. Ein wichti-ges Fazit meiner Arbeit: Klappt die Teamarbeit als Eltern, bleibt mehr Lust auf Partnerschaft.

Als Trainer in Partnerschaftsseminaren erlebe ich, Peter Themessl, aufgeschlossene Männer. Sie sind zwar gefestigt in Leben und Beruf, aber im Unklaren, was den vor ihnen liegen-den Familienabschnitt betrifft. Männer müssen ihre Rolle ge-genüber der Partnerin und dem Kind erst finden. Sie sollten sich weder selbst ausgrenzen noch sich ausgrenzen lassen. Der Mann wird als Vater erst richtig erwachsen.

All das hat uns ermutigt, wichtige Elternerfahrungen in dieses Buch einfließen zu lassen. Unser Dank gebührt hierbei ...

... allen Paaren, die in der Beratung, in Seminaren oder in privaten Gesprächen uns ihre Erfahrungen aus den ersten Familienjahren anvertrauten und sie auf diesem Wege an kommende Eltern weitergeben.

... den Freund(inn)en und Kolleg(inn)en, die neugierig auf unser Manuskript waren, es gründlich korrigierten oder ihre Berufs- und Familienerfahrungen einbrachten:

- Anne Amann, Psychologin, und Michael Jaumann, Journalist, Eltern einer Tochter
- Klaus Bahringer, Heilpädagoge und Mediengestalter
- Ulrich Ebner, Arzt, und Anna Maria Probst-Ebner, Krankenschwester, Eltern eines Sohnes
- Beatrix Löscher-Schäg, Buchhändlerin und Pastorin, Mutter zweier Söhne
- Michaela Röder-Bassenge, Heilpraktikerin und Gestalttherapeutin
- Sabine Rupp, Psychologin und Familientherapeutin
- Doris Schiller, Sozialpädagogin und Schwangerschaftsberaterin
- Albrecht Winter, Journalist, Vater eines Sohnes

... im Freundeskreis Christine und Christof Kundel sowie Christa und Engelbert Sedlaty. Sie haben als neugierige Paare das beigefügte ElternErfahrungsEntdeckSpiel ausprobiert und verbessert.

... dem Kösel-Verlag, der die Idee unseres Elternbuches von Anfang an unterstützt hat. Gerhard Plachta hatte als Lektor ein offenes Ohr für unsere Wünsche und bewahrte bei der Umsetzung Nerven und gute Laune.

... dem Illustrator Johann Mayr, der seine Cartoons auf unser Buch abstimmte.

... schließlich unseren Ehepartnern Inga Themessl bzw. Michael Huber, ohne die dieses Buch nie zustande gekommen wäre. Bei unseren Familien erfahren wir am eigenen Leib, wie spannend, anstrengend und bereichernd zugleich die Elternaufgabe sein kann.

Weiterführende Literatur

Bundesministerium für Familie, Senioren, Frauen und Jugend: *Die Familie im Spiegel der amtlichen Statistik,* Berlin, erw. Neuauflage 2003

Bundesministerium für Familie und Senioren: *Fünfter Familienbericht: Familien und Familienpolitik im geeinten Deutschland – Zukunft des Humanvermögens,* Bonn 1994

Engl, Joachim, Thurmaier, Franz: *Wie redest du mit mir? Fehler und Möglichkeiten der Paarkommunikation,* Freiburg, 9. Aufl. 2002

Familienbund der Katholiken, Landesverband Bayern (Hrsg.): *Eltern werden – Partner bleiben: ein Kurs für werdende Eltern* (unveröffentlicht)

Graf, Johanna: *Wenn Paare Eltern werden,* Weinheim 2002

Kößler, Hubert, Bettinger, Armin: *Vatergefühle. Männer zwischen Rührung, Rückzug und Glück,* Stuttgart 2000

Lämmle, Brigitte, Wünsch, Gabriele: *Familienbande. So gewinnen Sie Raum für lebendige Partnerschaft, glückliche Familie, gesunde Beziehung,* München 1999

Lebert, Ursula u. Stefan: *Du bist mein Augenstern,* München 2002

Peuckert, Rüdiger: *Familienformen im sozialen Wandel,* Stuttgart, 4., überarb. u. erw. Aufl. 2002

Reichle, Barbara: *Wir werden Familie. Ein Kurs zur Vorbereitung auf die erste Elternschaft,* Weinheim 1999

Satir, Virginia: *Selbstwert und Kommunikation. Familientherapie für Berater und zur Selbsthilfe,* Stuttgart, 15., durchges. Aufl. 2002

Schulz von Thun, Friedemann: *Miteinander reden. Störungen*

und *Klärungen. Allgemeine Psychologie der Kommunikation,* Reinbek 1981

Sichtermann, Barbara: *Leben mit einem Neugeborenen. Ein Buch über das erste halbe Jahr,* Frankfurt/M. 2003

Tillmetz, Eva: *Familienaufstellungen. Sich selbst verstehen – die eigenen Wurzeln entdecken,* Stuttgart, 3. Aufl. 2002

Margarita Klein

Beckenboden – deine geheime Kraft

Wohlfühlen, Entspannen, Genießen

2. Auflage 2013, durchgängig vierfarbig illustriert
123 S., 16,90 Euro, ISBN 978-3-86321-136-3

Der Beckenboden ist das Zentrum des Körpers, von dem Kraft und
Bewegung ausgehen. Er hält die inneren Organe an ihrem Platz und
trägt während der Schwangerschaft das heranwachsende Kind.
Mit den Übungen in diesem Buch können Leserinnen jeden Alters
Kräfte zurückgewinnen oder neu aufbauen. Sie können an Präsenz
und Achtsamkeit gewinnen, zu einem klaren körperlichen Selbstbewusstsein finden, Sexualität lustvoller leben und sich leichter
wohlfühlen und entspannen.
Das Buch der renommierten Fachautorin Margarita Klein war lange
vergriffen. Im Mabuse-Verlag wird es jetzt neu aufgelegt.

Mabuse-Verlag

Postfach 900647 b · 60446 Frankfurt am Main
Tel.: 069 – 70 79 96-16 · Fax: 069 – 70 41 52
info@mabuse-verlag.de · www.mabuse-verlag.de

Eva Tillmetz, Peter Themessl

Papa hat's aber erlaubt

Erziehungskrisen im Kindergartenalter meistern

2. Auflage 2013, durchgängig illustriert
208 S., 16,90 Euro, ISBN 978-3-86321-108-0

„Ich will nicht in den Kindergarten!" – „Trödel nicht so rum!" – „Ich bin noch gar nicht müde!" Eltern von drei- bis sechsjährigen Kindern kennen solche und ähnliche Situationen zur Genüge. Doch wie mit ihnen umgehen, ohne dass gleich die nächste Krise ins Haus steht?
Kinder fordern Eltern täglich heraus und testen, ob sie sich auf beide gleichermaßen verlassen können. Wenn Eltern sich nicht gegenseitig ausspielen lassen wollen, brauchen sie aktives Eltern-Teamwork. Dadurch wird Erziehung leichter. Wie Mutter und Vater möglichst effektiv zusammenwirken, zeigt dieser Elternratgeber anhand vieler praktischer Beispiele.

Mabuse-Verlag

Postfach 900647 b · 60446 Frankfurt am Main
Tel.: 069 – 70 79 96-16 · Fax: 069 – 70 41 52
info@mabuse-verlag.de · www.mabuse-verlag.de